Le seul livre de cuisine
qui vous laisse
le **temps**
de prendre un bain
avant le dîner

Recettes du quotidien
et buffets de fête
à préparer la veille
ou à congeler

Collection *mon grain de sel*
dirigée par Raphaëlle Vidaling

Cette collection donne la parole à des amateurs passionnés qui ne sont ni des chefs ni des auteurs confirmés. Les livres sont réalisés sans styliste culinaire, et donc sans aucun trucage : les auteurs cuisinent eux-mêmes les plats, les photographies sont réalisées à la lumière naturelle… et ensuite, on mange tout ! Il n'y a donc aucune raison pour que ce que vous voyez là ne ressemble pas à ce que vous serez capable de faire vous-même en suivant la recette.

www.mongraindesel.fr

Le seul livre de cuisine qui vous laisse le temps de prendre un bain avant le dîner

Recettes du quotidien
et buffets de fête
à préparer la veille
ou à congeler

Textes : Agnès Lambert
Photographies : Raphaële Vidaling

Tana
éditions

Sommaire

Introduction

Je régale ma famille (plats salés pour le quotidien)

Buffets de fête (finger food salé)

Les desserts préparés la veille

Les douceurs du congélateur

Introduction

Amateurs de soufflés, passez votre chemin… Ce livre propose exclusivement des recettes prêtes à l'avance. Pas de viande rouge juste saisie, pas d'œufs mollets, de mayonnaise ni de crème Chantilly sur les desserts. Pas non plus de salades en tout genre : elles supportent mal d'attendre les convives plus de quelques heures. Mais les soupes, les plats mijotés et de nombreux gâteaux peuvent patienter sans problème pendant 24 heures dans un réfrigérateur, voire bien plus longtemps dans un congélateur. Mieux, certains plats gagnent à être réchauffés, car toutes leurs saveurs ont pris le temps de s'exprimer.

Ce livre s'adresse ainsi à tous ceux qui préfèrent dîner avec leurs amis plutôt que de passer leur soirée enfermés dans la cuisine à surveiller la cuisson d'une viande ou à monter des blancs en neige. Il est aussi destiné aux parents débordés qui culpabilisent de servir des spaghettis au beurre pour la troisième fois de la semaine à leurs enfants. Avec un peu d'organisation, il ne reste plus qu'à réchauffer les plats. Et pas question de sacrifier le goût. Faites le test : à condition de bien choisir les recettes, personne ne pourra deviner ce qui, dans le dîner, sort du congélateur.

Reste à décider du menu : les recettes du chapitre « Je régale ma famille » peuvent être servies en entrée (soupe, gratin de courgettes, etc.) ou en plat, en variant la quantité proposée. De même, à défaut d'organiser un buffet, on peut détourner la plupart des recettes du chapitre « Buffets de fête » pour les servir à l'apéritif ou en entrée lors d'un dîner assis. C'est le cas des nombreux dips à déguster avec des bâtonnets de légumes crus ou des sauces à tartiner sur une tranche de bon pain de campagne.

Quant aux desserts, il y a l'embarras du choix : nous avons choisi de séparer ceux qui se préparent la veille de ceux qui peuvent aisément se congeler. Ces derniers (pancakes, cookies et cakes) n'ont d'ailleurs pas forcément vocation à être dégustés à la fin d'un repas. Ils feront des heureux pour un goûter surprise : il suffit de passer au four les gâteaux encore congelés pendant quelques minutes. Plus besoin de courir dans une pâtisserie bondée quand vous invitez des amis à l'improviste pour le thé le dimanche après-midi.

Les desserts préparés la veille ont pour point commun de ne pas s'abîmer au réfrigérateur, bien au contraire. Certains d'entre eux, comme les crèmes ou entremets à l'agar-agar – ce gélifiant naturel remplaçant la gélatine –, doivent même impérativement être préparés au minimum quelques heures à l'avance.

Toutes ces recettes permettent également de préparer à l'avance le brunch du dimanche matin : scones aux airelles, confitures maison, galettes de quinoa aux légumes, petits légumes crus plongés dans un dip à la ricotta, riz au lait à la noix de coco… Vous pouvez même acheter une baguette bien fraîche la veille, la congeler, et la décongeler au four le dimanche matin.

L'idéal, si vous réalisez un dîner complet (entrée, plat, dessert) est de choisir des recettes permettant de vous organiser sur plusieurs jours : on peut par exemple réaliser une soupe quelques jours à l'avance et la congeler, préparer le plat le week-end précédent et ne s'attaquer au dessert que la veille. Il suffit de penser à sortir l'entrée et le plat du congélateur le matin pour les placer au réfrigérateur, avant de tout faire réchauffer le soir.

Ce livre est aussi l'occasion de repenser votre façon de cuisiner. C'est le moment de feuilleter votre carnet de recettes personnel pour identifier celles qui peuvent aisément se préparer la veille ou se congeler. Vous avez déjà peut-être ce réflexe pour les plats en sauce, mais vous trouverez bien d'autres idées inattendues du côté des desserts.

Mais ce n'est pas parce qu'un repas est prêt d'avance qu'il n'y a plus rien à faire. Au contraire, c'est même l'occasion de soigner la touche finale. On peut ciseler un peu de ciboulette sur une soupe, verser un filet d'huile d'olive sur une épaule d'agneau, ajouter une feuille de menthe sur un blanc-manger, réchauffer délicatement des madeleines pour donner l'illusion qu'elles sortent du four. De même, il est préférable de faire cuire le riz au dernier moment pour accompagner certains plats comme l'agneau du Nouveau-Mexique. Bref, l'important n'est pas de tout cuisiner la veille, mais plutôt de n'avoir plus que très peu de choses à préparer au moment du repas. Ce qui vous laisse largement le temps de vous détendre dans un bain avant l'heure du dîner ou encore de vous faire un Brushing, de lire votre magazine préféré, d'aider les enfants à faire leurs devoirs, de faire une petite sieste, etc. Vous aurez une mine détendue, et vos convives vous en seront reconnaissants.

Quand le poète se mêle de cuisine…

« Reprenez vos esprits et souvenez-vous bien
Qu'un dîner réchauffé ne valut jamais rien. »

Nicolas Boileau, *Le Lutrin,* 1674-1683

N'en déplaise à Nicolas Boileau, ce livre prouve bien le contraire. À sa décharge, on peut préciser que les poètes de la fin du XVIIe siècle n'avaient pas tous les moyens modernes dont nous disposons aujourd'hui pour conserver les aliments et réchauffer un dîner sans le gâter. Fort heureusement, cette citation n'est pas passée à la postérité, contrairement à deux autres extraits de l'*Art poétique* (1674), du même auteur :

« Ce que l'on conçoit bien s'énonce clairement,
Et les mots pour le dire arrivent aisément.

Hâtez-vous lentement, et sans perdre courage,
Vingt fois sur le métier remettez votre ouvrage,
Polissez-le sans cesse, et le repolissez,
Ajoutez quelquefois, et souvent effacez. »

Rendons à César…

C'est à l'Américain Clarence Birdseye que l'on doit l'invention des techniques modernes de congélation au début du XXe siècle. Installé avec sa famille au Labrador, dans le Grand Nord canadien, il étudie la façon dont les Inuits conservent le poisson en l'exposant au vent glacial de l'hiver arctique. Il constate notamment que cette technique préserve toute les qualités gustatives du poisson une fois décongelé. De retour aux États-Unis, dans l'État du Massachusetts, Clarence Birdseye s'inspire de la méthode des Indiens pour créer en 1925 le « double bent freezer » : le poisson frais est déposé sur une courroie en acier extrêmement froide pour être congelé très rapidement. Cette technique de surgélation (congélation rapide) est ensuite peu à peu améliorée, puis étendue à la viande, aux légumes et aux fruits.

Le saviez-vous ?

Réfrigérateur : 4 à 8 °C
Congélateur : –25 °C à –18 °C

Bocaux, conserves, etc.

Congeler, c'est bien, mais ce n'est pas cent pour cent écologique. Les conserves, en revanche, ne nuisent pas à l'environnement, puisqu'une fois préparées, elles ne consomment pas d'énergie pour le stockage, contrairement au congélateur. Un étagère à l'ombre d'un placard leur suffit amplement. Et, tout comme les produits congelés, les conserves favorisent l'utilisation de produits locaux en saison, plutôt que l'importation, par avion, de cerises et de petits pois en plein hiver.

Tout cela est possible grâce à l'invention des techniques d'appertisation (ou de conserve) par Nicolas Appert, en 1795. Le principe est simple : les aliments préparés sont placés dans des bocaux fermés hermétiquement, puis chauffés à une température élevée pendant un temps bien précis permettant de détruire les microbes et, en quelque sorte, de suspendre le temps. La méthode de stérilisation varie en fonction du matériel utilisé et de la recette.

Ainsi, il est inutile de stériliser les bocaux de légumes à l'huile et les confitures si vous les consommez dans les prochains mois. Il suffit d'ébouillanter les bocaux pendant 20 min puis de les laisser sécher à l'envers sur un linge propre. En revanche, la stérilisation est indispensable pour les conserves de légumes au naturel. Veillez dans tous les cas à ne pas utiliser les fruits et les légumes abîmés ou trop mûrs.

Conserve de pulpe de tomate

Ébouillanter les tomates, les peler et les couper en petits morceaux réguliers en enlevant les pépins. Les placer dans un bocal avec le jus. Fermer et stériliser.

Abricots au sirop

Laver 1 kg d'abricots pas trop mûrs, les couper en deux et les placer dans un bocal. Verser un sirop brûlant réalisé avec 1 litre d'eau et 400 g de sucre en poudre. Fermer et stériliser immédiatement. On peut procéder de la même façon avec des pêches pelées coupées en deux, en ajoutant 1 gousse de vanille fendue directement dans le bocal.

Confiture d'oignons

Faire revenir 1 kg d'oignons émincés dans de l'huile d'olive. Lorsqu'ils sont presque cuits, ajouter 50 cl de vin blanc ou rouge, 10 cl de vinaigre et 100 g de sucre en poudre. Saler et poivrer. Laisser cuire jusqu'à évaporation du liquide. Placer immédiatement dans des bocaux. Fermer. Retourner les bocaux et attendre un complet refroidissement avant de les retourner dans le bon sens pour les ranger.

Les confitures maison

Un figuier chargé de fruits au fond du jardin ? Un après-midi à ramasser des mûres en famille (en sifflant, bien sûr, pour s'assurer que personne n'y goûte !). Et hop ! on fait des confitures pour l'hiver suivant. À la campagne, on peut aussi acheter sur les marchés des cagettes entières de fruits d'été pour faire ses confitures. Il est recommandé d'utiliser des fruits mûrs et sucrés, en pleine saison, mais de ne conserver que les fruits sains ou d'enlever au couteau la partie abîmée.

Une fois les bocaux ébouillantés, préparer la confiture en mettant le sucre et les fruits lavés (et éventuellement coupés) dans une grande casserole, ou, mieux, dans une bassine en cuivre. Ajouter le jus de 1 citron par kg de fruits pour que la confiture prenne mieux. Penser à écumer en début de cuisson. Le temps de cuisson dépend du type de fruits et de leur maturité. Pour savoir si la confiture est prête, prélever une goutte dans la casserole et la verser sur une assiette. Elle doit commencer à se figer. Dès que la confiture est cuite, la verser dans les pots à ras bord à l'aide d'une louche. Fermer les pots encore brûlants et les retourner jusqu'à ce qu'ils soient complètement froids. Cette technique permet d'éviter la formation de moisissures, puisqu'elle réduit la formation de vapeur autour du couvercle pendant le refroidissement. Il est ainsi inutile d'ajouter une couche de paraffine. Stocker les confitures à l'abri de l'humidité et de la lumière, et les consommer dans l'année. Une fois ouverts, les pots se conservent au réfrigérateur. À servir avec des scones maison directement sortis du congélateur, évidemment.

Confiture de figues noires

Éplucher grossièrement les figues pour enlever la partie la plus épaisse de la peau. Les couper en deux ou en quatre selon la taille. Les mettre dans une cocotte avec du sucre pour confiture (800 g de sucre par kg de fruits). Ajouter le jus de 1 citron par kg de fruits. Faire cuire de 20 à 30 min en écumant.

Confiture de mirabelles à la vanille

Laver les fruits, les sécher, les couper en deux et enlever le noyau. Procéder comme pour la confiture de figues en ajoutant 1 gousse de vanille fendue en deux par kg de fruits.

Confiture d'abricots

Laver les abricots, les sécher et les couper en deux. Ouvrir quelques noyaux pour récupérer les amandes et leur enlever la peau. Verser les fruits, le sucre (800 g de sucre par kg de fruits), le jus de citron et faire cuire pendant 30 min environ en écumant. Verser dans les pots, ajouter quelques amandes dans chaque pot avant de fermer. Les amandes donnent à cette confiture du croquant et un délicat parfum d'amande amère.

Les alcools

N'allez surtout pas préparer des mojitos pour 15 personnes la veille d'une fête ! En revanche, cerises à l'eau-de-vie, rhum arrangé et confiture de vieux garçons patientent facilement quelques mois, voire quelques années, à l'ombre d'un placard. À ressortir pour se souvenir de ces fabuleuses vacances à l'île Maurice, dont vous aurez rapporté le rhum...

Cerises à l'eau-de-vie

Laver et essuyer 1 kg de cerises griottes. Couper la queue à 1,5 cm du bord. Ébouillanter les bocaux, laisser sécher à l'air libre à l'envers sur un linge propre et y placer les cerises avec 250 g de sucre en poudre et 1 litre d'eau-de-vie blanche. On peut éventuellement ajouter 1 gousse de vanille fendue en deux. Attendre 3 mois avant de les déguster. Ne pas oublier d'étiqueter les bocaux en précisant l'année : les cerises à l'eau-de-vie donnent le meilleur d'elles-mêmes dans les 2 années après leur préparation, mais on ne risque pas de s'intoxiquer en goûtant le bocal daté de 1985 oublié au fond du placard d'une maison de campagne.

Rhum arrangé

Il suffit de mettre des épices directement dans la bouteille de rhum : 1 gousse de vanille fendue en deux, 2 bâtons de cannelle, un petit morceau de gingembre frais épluché et du sirop de sucre de canne. On peut choisir une version aux agrumes en ajoutant au rhum le zeste de 3 combavas (ou, à défaut, de citrons verts), 2 gousses de vanille fendues, 2 bâtons de cannelle et du sirop de sucre de canne. Pour faire un rhum arrangé à l'ananas Victoria de la Réunion : éplucher l'ananas et le couper en morceaux, les mettre dans un bocal hermétique avec 1 litre de rhum, 2 gousses de vanille et 20 cl de sirop de sucre de canne. Il faut patienter au minimum 2 mois avant de goûter le rhum arrangé, mais on peut le conserver plusieurs années.

Confiture de vieux garçon

Il s'agit en réalité d'eau-de-vie aux fruits, généralement conservée dans un grand bocal de 5 litres, en grès ou en verre. On peut y mettre à peu près tous les types de fruits, en les lavant, les séchant et, le cas échéant, en les dénoyautant, sauf pour les cerises : framboises, pêches, abricots, poires en morceaux, etc. On les place au fond du bocal, on ajoute leur poids en sucre en poudre et on recouvre d'eau-de-vie. Fermer hermétiquement. Il faut patienter 3 mois avant de déguster la confiture de vieux garçon en fin de repas.

Les sauces et les condiments à conserver au réfrigérateur

Certains plats comme la salade ou les pâtes ne supportent pas d'être préparés à l'avance. En revanche, on peut gagner du temps en conservant leur sauce au réfrigérateur.

Une sauce pour des pâtes : le pesto de roquette

Mixer 70 g de roquette, 50 g de pignons, 50 g de parmesan râpé et 1 gousse d'ail écrasée. Ajouter 5 c. à s. d'huile d'olive et 5 c. à s. d'huile de noix ou 10 c. à s. d'huile d'olive. On peut remplacer la salade de roquette par des pousses d'épinard pour obtenir un goût un peu plus amer.

Pour une version plus traditionnelle, préparer un pesto en mixant 2 bouquets de basilic, des pignons, 1 gousse d'ail et du parmesan râpé. On ajoute du sel, du poivre et de l'huile d'olive pour obtenir la consistance désirée. La recette de pesto rouge (p. 90) peut aussi accompagner des pâtes. Le pesto fait maison se conserve quelques jours au réfrigérateur dans un bocal hermétique.

Les vinaigrettes

L'idéal est de les préparer dans un bocal vide de confiture ou de moutarde. Verser 5 c. à s. de moutarde, puis ajouter lentement en émulsionnant 10 c. à s. d'huile d'olive et 5 c. à s. d'huile de noix. Ajouter 5 c. à s. de vinaigre, du sel et du poivre.

Fermer le couvercle et conserver au réfrigérateur. On peut varier les plaisirs en coupant l'huile d'olive avec du vinaigre balsamique, 1 pincée de curry en poudre, du piment d'Espelette… Au moment de servir, on peut ajouter quelques brins de ciboulette du congélateur. Le soir même, il n'y a plus qu'à sortir un saladier, à disposer la salade (lavée la veille) et à arroser généreusement de vinaigrette.

Les chutneys

Le chutney, condiment indien aigre-doux, accompagne les plats mijotés comme le curry d'agneau, mais aussi une côte de porc, un morceau de poulet grillé, un reste de gigot froid… Les recettes sont infinies, puisqu'on peut réaliser des chutneys aux fruits (mangues, figues, pommes, bananes) ou aux légumes (aubergines, tomates). Point commun : les chutneys contiennent du vinaigre, du sucre et des épices. On peut les conserver quelques semaines dans un bocal au réfrigérateur.

Chutney aux pommes

Faire revenir 1 oignon dans un peu d'huile d'olive. Ajouter 500 g de pommes coupées en dés, 50 g de sucre en poudre, 100 g de raisins secs, 1 c. à c. de gingembre râpé et mélanger. Verser 25 cl de vinaigre de cidre et laisser mijoter de 20 à 30 min.

Chutney aux bananes

Couper 5 bananes en rondelles. Les faire cuire dans 15 cl de vinaigre de cidre, avec 1 c. à s. de curry, 50 g de raisins secs, 120 g de cassonade et du sel. Laisser compoter pendant 15 min en tournant de temps en temps.

Bien maîtriser la congélation

Les idées reçues sur la congélation

« Ça va se voir, si ça sort du congélateur », « ce sera moins bon » : vous n'avez pas fini d'entendre des remarques désagréables, mais fausses, sur le sujet. À condition de respecter quelques règles simples, personne ne pourra deviner que vos pancakes patientaient au fond du dernier tiroir de votre congélateur depuis deux semaines. Mais tous les plats ne se congèlent pas aussi bien : les crèmes le supportent moins bien que les gâteaux secs. Même constat pour les tartes aux fruits, qui sont à la fois meilleures et plus jolies quand elles sont fraîches. De même, les crèmes aux œufs se conservent peu de temps au congélateur, et le résultat peut être décevant à l'œil comme au goût. Autrement dit, pour préparer un dîner entièrement sorti du congélateur, il faut prévoir un menu adapté. Et personne ne vous oblige à dire que le dîner était congelé : c'est une histoire entre vous et mister Freezer.

Les ustensiles indispensables

Le choix du contenant est important pour une bonne conservation au congélateur. On peut utiliser des bacs en aluminium de différentes tailles ou des récipients en plastique, s'ils sont adaptés au congélateur. Dans tous les cas, il faut éviter de les remplir à ras bord, car les aliments occupent un volume plus important une fois qu'ils sont congelés. Pour les gâteaux, le plus pratique est d'utiliser du papier d'aluminium. On peut emballer les cakes entiers ou tranche par tranche. Les desserts individuels (cookies, pancakes, madeleines, etc.) seront emballés un par un dans une feuille de papier d'aluminium soigneusement repliée pour que le moins d'air possible passe entre la feuille et le gâteau. Les sacs en plastique de congélation permettent de stocker des herbes fraîches ou les fruits crus. On n'oubliera pas de coller une petite étiquette pour bien identifier le plat ou le dessert congelés, ainsi que la quantité pour les plats : il est en effet parfois difficile de distinguer les gâteaux une fois congelés sans ouvrir leur emballage.

Les règles de base pour bien congeler

Faut-il le rappeler ? Il ne faut jamais congeler un aliment qui a été décongelé. Les microbes endormis par la congélation se réveillent en effet à la décongélation et prolifèrent alors plus rapidement. C'est aussi la raison pour laquelle il faut consommer rapidement un plat décongelé. La règle numéro 1 du petit manuel de la congélation consiste donc à congeler des aliments ou des plats frais. De plus, il faut attendre un complet refroidissement des plats avant de les congeler.
Il faut aussi savoir que le goût des épices et du sel a tendance à s'accentuer lors de la décongélation : il est donc préférable de ne pas trop saler les plats destinés à la congélation. Il sera toujours temps de le faire une fois le plat réchauffé, au moment de servir.
De même, il est préférable de congeler certains plats cuisinés sans terminer complètement la recette. Par exemple, on peut congeler une soupe de légumes sans crème. Celle-ci sera ajoutée au dernier moment, lorsque l'on réchauffera la soupe décongelée. Même constat pour le jus de citron ou les herbes fraîches : ils viendront compléter le plat le jour J.

Ce que l'on peut congeler cru

Manger des abricots en décembre ? Des mirabelles en janvier ? Il suffit de les congeler en saison. Laver les abricots et les sécher soigneusement. Les couper en

deux, enlever le noyau, puis les ranger dans un sac en plastique spécial congélation. On les décongèle en les laissant pendant quelques heures au réfrigérateur, puis on les fait cuire en compote ou dans un gâteau. Même procédé pour les herbes fraîches : il reste toujours quelques brins de coriandre ou de basilic. Autant les congeler, propres et secs, dans un sac à congélation, pour les ressortir dans quelques jours.

On peut aussi congeler des légumes crus, en particulier au printemps : petits pois, haricots verts, mange-tout. Il est recommandé de les blanchir pendant 3 min à l'eau bouillante, de les laisser refroidir puis de les emballer dans un sac à congélation en chassant bien l'air avant de le refermer. Les accros du congélo peuvent aussi congeler un morceau de steak cru en trop ou une cuisse de poulet, emballés dans une feuille de papier d'aluminium.

Sushis et compagnie

Aucun restaurateur ne claironne qu'il utilise des produits congelés. Aucun pâtissier ne crie sur les toits qu'il congèle certains petits fours. Personne, pas même vous, ne se vante de servir un plat congelé, même fait maison. L'image négative de la congélation, à laquelle ce livre entend bien tordre le cou, a cependant une exception : les sushis et les sashimis. Même les plus grands restaurants japonais congèlent en effet le poisson cru avant de le servir à leurs clients. Cette méthode permet d'éliminer les vers, en particulier *Anisakis.* Pour les adeptes du poisson cru maison, en sushis ou en tartare, il est donc recommandé de congeler le poisson pendant un minimum de 24 h avant de le cuisiner.

Ayez le réflexe congélateur pour…

- Un morceau de baguette qui traîne… à décongeler pendant quelques minutes au four, un matin, pour obtenir des tartines « presque fraîches ».
- Un reste de bouillon de poulet maison… à ressortir pour faire un risotto.
- Le dernier morceau de gâteau du plat… inutile de se forcer à le finir, il fera des heureux la semaine suivante.
- Trois petits morceaux de viande en sauce… ils serviront pour un dîner de restes.
- Une plaquette de beurre… pour faire face à une subite envie de préparer un gâteau alors qu'il ne reste plus rien dans le beurrier.
- Un reste de pâte à tarte crue… on en fera une tartelette express pour les enfants le week-end suivant.
- Du persil, du basilic, de la coriandre… parce qu'on n'en a jamais sous la main lorsqu'on en cherche.

Durée de conservation

Soupes : de 1 à 2 mois
Plats cuisinés : de 2 à 3 mois
Gâteaux secs : 6 mois
Autres types de gâteaux : 1 mois
Fruits et légumes crus : de 6 à 8 mois
Pain : 1 mois

La durée de conservation des produits congelés à la maison est sensiblement inférieure à celle des produits achetés déjà congelés. Ce phénomène est lié à la méthode de congélation. Les surgelés du commerce mettent en œuvre, comme leur nom l'indique, des techniques de surgélation, c'est-à-dire de congélation très rapide à des températures extrêmes, comprises entre – 35 °C et – 196 °C. Les produits crus ou cuits congelés dans un simple congélateur domestique n'ont donc pas les mêmes qualités de conservation. C'est pourquoi il est important, si vous n'avez pas l'intention de les consommer rapidement, de dater les plats que vous placez au congélateur.

Comment décongeler

Là encore, mieux vaut s'y prendre à l'avance. Rien ne vous empêche de réchauffer un plat mijoté directement à la sortie du congélateur. Mais, dans la pratique, mieux vaut passer par l'étape intermédiaire du réfrigérateur. Pour les soupes ou les viandes, pensez à mettre vos plats, dans leur emballage de congélation (bac en aluminium, récipient en plastique) au réfrigérateur le matin, si vous comptez les servir à dîner. Le soir même, il ne reste plus qu'à réchauffer doucement les plats décongelés dans une casserole.
Il n'est en revanche pas nécessaire de « passer par la case frigo » pour décongeler les desserts : placez-les pendant quelques minutes au four à 180 °C, encore emballés dans leur feuille d'aluminium. Il faut entre 5 et 10 min selon la taille et la consistance des gâteaux : les scones, par exemple, sont plus longs à décongeler que les cookies. Il est préférable de décongeler les desserts à la dernière minute, par exemple lorsque vous servez le fromage, pour servir les pâtisseries juste tièdes à la sortie du four. Inutile d'utiliser le micro-ondes, qui a tendance à ramollir les gâteaux, puisque la décongélation au four traditionnel est extrêmement rapide.

Ce que l'on peut acheter déjà congelé

Ne comptez pas sur moi pour vanter les mérites des plats cuisinés surgelés… En revanche, il serait dommage de se priver définitivement des produits des grandes marques spécialisées sous prétexte qu'on cuisine soi-même à l'avance. Ainsi, j'ai toujours dans mon congélateur des fèves pelées parce que c'est délicieux mais vraiment pénible à faire soi-même, des glaces et des sorbets pour accompagner un gâteau ou une compote, de la crème anglaise à verser sur un brownie, du coulis de framboises pour une version express du blanc-manger, des gambas pour ne pas avoir à courir chez le poissonnier, etc.

Rétroplanning

Cuisiner à l'avance implique de ne pas être complètement fâché avec l'organisation. Inutile d'établir un rétroplanning heure par heure sous Excel pour un dîner pour 6 personnes. Mais il faut avoir en tête quelques repères.

La veille

Préparez le plat. L'entrée et le dessert sont déjà au congélateur. Vérifiez que vous avez tout ce qu'il vous faut pour le lendemain : rien de pire que d'oublier la touche finale, comme un jus de citron ou un peu de ciboulette.

Le jour J

08h00 Avant de partir travailler l'esprit libre, sortez du congélateur l'entrée pour la placer au réfrigérateur.

19h15 Vous rentrez chez vous, en passant par le boulanger et le fromager.

19h30 Dressez la table.

19h35 Transvasez les plats nécessitant d'être réchauffés dans une casserole. Chauffez sur feu doux pendant quelques minutes pour vous assurer qu'ils sont bien décongelés, le cas échéant. Rectifiez l'assaisonnement.

19h45 Prenez un bain.

20h00 Vous êtes fin prêt(e). Terminez les derniers accompagnements (faites cuire du riz, préparez la sauce de la salade…). Dressez le plateau de fromages et l'apéritif. Ouvrez le vin.

20h20 Asseyez-vous sur le canapé. Les invités n'arrivent pas avant une demi-heure. Ne bougez plus, profitez du calme.

20h45 On sonne à la porte, c'est le moment de vous réveiller.

20h50 Servez l'apéritif.

21h20 Faites réchauffer l'entrée.

21h30 Passez à table. Pendant ce temps, faites réchauffer le plat.

23h00 Enfournez le dessert pour quelques minutes afin de le décongeler, puis servez-le immédiatement.

00h30 Les amis sont partis, rangez tout et dormez bien. Demain, vous terminerez les restes.

Six idées de menu

Pour des enfants

Pour changer des spaghettis préparés dans l'urgence pour satisfaire les « C'est prêt ? On a faim ! » de plus en plus pressants, il suffit de stocker quelques plats au congélateur. Inutile de vous fatiguer à leur préparer une caponata d'aubergines aux câpres ou un tian provençal. Préférez plutôt des plats simples et savoureux, où les légumes sont présents mais pas sous une forme trop évidente. Ainsi, le pesto rouge, à base de tomates confites, passera tout seul en apéritif sur une minitartine. Côté plat, le chili aux trois viandes ou encore le Parmentier de canard devraient leur plaire. Quant au dessert, vous ne prendrez pas de risque avec les cookies aux deux chocolats. À servir avec un yaourt nature ou une compote de fruits (maison, bien sûr).

Crostinis au pesto rouge (préparé la veille, p. 90)
Speedy chili aux trois viandes (à décongeler, p. 62)
Cookies maison aux deux chocolats (à décongeler, p. 142)

Pour un plateau télé en solo

Les enfants sont couchés, vous avez loué un DVD. Il ne manque plus qu'un plateau télé prêt à l'avance afin d'éviter d'appuyer sur la touche « pause » pour aller chercher la suite du repas. La veille, préparez l'anchoïade et assurez-vous que vous avez suffisamment de petits légumes (tomates cerises, fenouil, carottes), mais aussi éventuellement des gressins. Préparez aussi la frittata de chèvre frais aux olives noires : vous en proposerez la moitié aux enfants pour le dîner et vous garderez l'autre moitié pour votre soirée télé. Quant au dessert, tous les petits gâteaux pouvant être conservés au congélateur feront l'affaire : madeleines aux deux citrons, financiers, cookies, etc. Ce n'est pas parce que vous dînez seul(e) qu'il faut vous mettre à la diète.

Anchoïade et petits légumes crus (préparé la veille, p.94)
Frittata de chèvre frais (préparé la veille, p. 100)
Madeleines aux deux citrons (à décongeler, p. 150)

Pour vos meilleurs amis

Ça fait quinze ans que vous les connaissez, mais ce n'est pas une excuse pour leur servir un poulet grillé sous prétexte que vous êtes arrivé(e) chez vous quelques minutes avant eux seulement. L'ambiance est détendue, tout le monde papote dans la cuisine. Profitez-en pour les faire travailler, même s'il ne reste plus grand chose à faire, et pour cause : l'entrée et le plat sortent tout droit du congélateur. Pressez 1 orange pour terminer la soupe acidulée carotte, tomate, orange ; préparez le bol de nachos, les citrons verts coupés en deux et le guacamole pour l'agneau du Nouveau-Mexique. Le dîner se termine en beauté avec le gratin de poires, préparé la veille et juste tiédi au four pendant quelques minutes, le soir même. Vous pourrez ensuite leur proposer des cerises à l'eau-de-vie : après tout, ils ont participé à la cueillette des cerises l'été dernier.

Soupe acidulée carotte, tomate, orange (à décongeler ou à préparer la veille, p. 38)
Agneau du Nouveau-Mexique (à décongeler, p. 58)
Gratin de poires aux fruits secs (préparé la veille, p. 120)

Pour une copine au régime

Vous l'adorez, mais votre copine perpétuellement au régime parce qu'elle ne rentre plus dans son 36 n'est pas la convive idéale. Elle picore quelques pistaches à l'apéritif, car elle n'arrive pas à se retenir, mais elle ne mange que des demi-portions pendant le repas, en pestant parce que ça fait grossir. Elle ne se ressert jamais, merci. Elle prend tout de même un part de dessert, tout en disant qu'elle ne devrait pas. Bref, mieux vaut lui servir un menu adapté pour éviter de se retrouver avec une tonne de restes après son départ. On commence par un apéritif light, sans alcool, accompagné de tomates cerises, de bâtonnets de concombre, de fenouil et de petits radis. Pour le repas, inutile de prévoir de grandes quantités. Le velouté de potiron au gingembre passera tout seul, sans pain évidemment. Inutile de faire cuire du riz pour accompagner le curry de poulet aux pignons : elle ne mange pas de féculents. Quelques rondelles de courgette sautées feront mieux l'affaire. Quant au dessert, elle dégustera sa compote de cerises nature, sans les brisures de spéculoos. Après le dîner, proposez-lui une tasse de thé de Java, bien connu pour ses vertus diurétiques.

Velouté de potiron au gingembre (à décongeler, p. 40)
Doux curry de poulet aux pignons (à préparer la veille, p. 70)
Compote de cerises à la vanille, brisures de spéculoos (à décongeler, p. 138)

Pour impressionner votre (future) belle-famille

Mieux vaut cuisiner à l'avance pour éviter le fiasco dû au stress de dernière minute. Votre belle-famille sera touchée de voir quelle belle-fille ou quel gendre idéal(e) vous faites. Commencez par annoncer le menu à votre chéri(e), c'est plus prudent pour éviter les mauvaises surprises : « Quoi, ta mère est allergique aux œufs de poisson ? Mais tu ne m'avais jamais dit que ton père ne mangeait pas de fraises ! » Si aucune contre-indication ne se fait jour, préparez les blinis de pomme de terre quelques jours à l'avance et congelez-les. La veille, c'est le moment de cuisiner le poulet en gelée et le blanc-manger. Vérifiez que vous avez sous la main tous les ingrédients pour le jour J : œufs de saumon pour l'entrée, une belle salade de roquette pour accompagner le poulet en gelée, les amandes mondées et les fruits rouges pour le blanc-manger. Pensez aussi à soigner l'apéritif, puisque tout le reste du repas est prêt d'avance. Le soir du dîner, faites un détour par la meilleure boulangerie du quartier. Rentrez chez vous, mettez la table et... prenez un bain avant l'arrivée des invités. Surveillez l'heure, ce serait dommage d'être encore en peignoir quand vos beaux-parents sonneront à la porte.

Blinis de pomme de terre et œufs de saumon (à décongeler, p. 98)
Poulet en gelée de coriandre (préparé la veille, p. 74)
Blancs-mangers à la vanille, éclats d'amandes grillées et fruits rouges (préparé la veille, p. 110)

Pour un dîner de Noël

Non seulement il faut se creuser la tête pour trouver le cadeau parfait pour chacun, mais en plus, cette année, c'est vous qui organisez la fête. Mission : faire plaisir à 15 personnes de trois générations différentes. Rien de trop original : certains convives veulent un Noël traditionnel. Les crèmes de foie gras et les fondants aux marrons devraient leur plaire. Mais vous avez juré l'an dernier de ne plus jamais manger de dinde à Noël. Remplacez-la par une épaule d'agneau aux épices, certes un peu décalée à côté du houx et des guirlandes, mais qui fera son effet. Cuisinez l'épaule d'agneau et les fondants aux marrons quelques jours à l'avance pour les placer au congélateur, et les crèmes de foie gras la veille. Le matin du 24 décembre, placez le plat au réfrigérateur. Le soir même, il ne reste plus qu'à mettre la table. Attention ! ce menu ne convient qu'à celles et ceux qui ont envie de passer la soirée avec leur famille. Les autres choisiront plutôt des recettes nécessitant leur présence permanente en cuisine, comme le foie gras poêlé ou le soufflé au chocolat.

Crèmes de foie gras (préparé la veille, p. 82)
Épaule d'agneau confite aux petits légumes (à décongeler ou à préparer la veille, p. 56)
Fondants aux marrons (à décongeler, p. 146)

Je régale ma famille

plats salés pour le quotidien

Soigner la touche finale

Inutile de vous compliquer la vie lorsque vous décongelez un chili con carne pour les enfants un soir de semaine. En revanche, vous avez le temps de soigner la touche finale lorsque vous servez un repas préparé la veille ou sorti du congélateur pour des amis, pendant le week-end.

Basilic express

Mélanger 1 gousse d'ail écrasée à de l'huile d'olive et de la fleur de sel. Au dernier moment, ajouter une grosse poignée de feuilles de basilic ciselées. Servir cette sauce pour accompagner un gratin de courgettes râpées, des cuisses de poulet à la diable, des galettes de quinoa aux légumes, etc.

Sur la soupe

Présenter plusieurs petits ramequins remplis, selon le type de soupe préparée, de croûtons de pain, de persil haché, de ciboulette, de fleur de sel, de baies roses concassées, etc.

Sauces et condiments

Ne pas hésiter à sortir le grand jeu : plusieurs types de chutneys avec un curry, différentes moutardes aromatisées avec des viandes et, pour les plus snobs, une sélection de trois huiles d'olive, première pression à froid comme il se doit, directement sur la table, dans de jolies bouteilles.

Petits pains à gogo
Pourquoi ne pas remplacer la traditionnelle baguette par des pains individuels au sésame, au pavot, aux noix, aux olives ou aux graines de lin ? La plupart des boulangeries, y compris certaines chaînes, les proposent. Si vous êtes vraiment très chics, prévoyez un petit pot de beurre d'Échiré. Effet garanti sur la table.

Le bonus salade
Une belle feuille de chêne ou une petite rougette, assaisonnée comme il faut, avec en prime quelques brins de persil, d'estragon et 1 oignon frais émincé : il n'en faut pas plus pour apporter un peu de fraîcheur à un Parmentier de canard, un tagine ou n'importe quel autre plat mijoté.

Beau et bon à la fois
Un bon plat peut être gâché par une mauvaise présentation : un blanc-manger branché servi dans une jolie verrine risque de se transformer en dessert banal dans un simple verre à moutarde. Videz donc vos placards : vous y trouverez des trésors entre les tasses à café, les verres à alcool de différentes tailles, les minuscules cuillères à café en argent de Tante Adrienne, etc.

Soupe acidulée carotte, tomate, orange

Un bol de soupe au doux parfum d'orange, une tranche de pain grillé, un morceau de fromage : le repas du soir idéal pour toute la famille, cet hiver.

Pour 6 personnes

- 175 g de carottes
- 750 g de tomates
- 1 oignon
- 1 c. à s. de concentré de tomates
- 2 brins de persil
- 1 feuille de laurier
- 1 c. à c. de sucre en poudre
- 40 g de beurre
- 15 cl de crème liquide
- 1 orange
- ciboulette
- sel et poivre

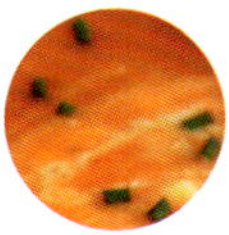

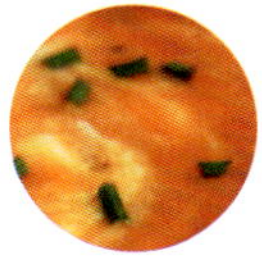

Éplucher l'oignon et les carottes. Couper l'oignon en petits morceaux et la carotte en rondelles. Faire fondre le beurre dans une grande casserole. Ajouter l'oignon et la carotte, et laisser cuire pendant 10 min sur feu moyen en mélangeant régulièrement. Pendant ce temps, ébouillanter les tomates pendant 2 min dans une casserole, puis les égoutter en conservant l'eau de cuisson. Peler les tomates et les découper en gros morceaux. Laver le persil. Verser les tomates sur le mélange oignon-carottes. Ajouter le sucre, le concentré de tomates, le persil, le laurier, du sel, du poivre et 30 cl d'eau ayant servi à ébouillanter les tomates. Couvrir, placer sur feu fort puis baisser le feu lorsque le mélange commence à bouillir. Faire cuire pendant 30 min. Retirer le persil. Verser la soupe dans un robot mixeur et mixer longuement jusqu'à obtenir une consistance veloutée. Placer de nouveau dans la casserole et laisser refroidir. Congeler la soupe. Le jour J : laisser la soupe au réfrigérateur de 8 à 10 h avant de la déguster. Au moment de servir, réchauffer la soupe dans une casserole sur feu doux. Presser l'orange et laver la ciboulette. Lorsque la soupe est chaude, ajouter la crème fraîche et le jus d'orange. Répartir dans les bols et ciseler un peu de ciboulette au-dessus de chaque bol.

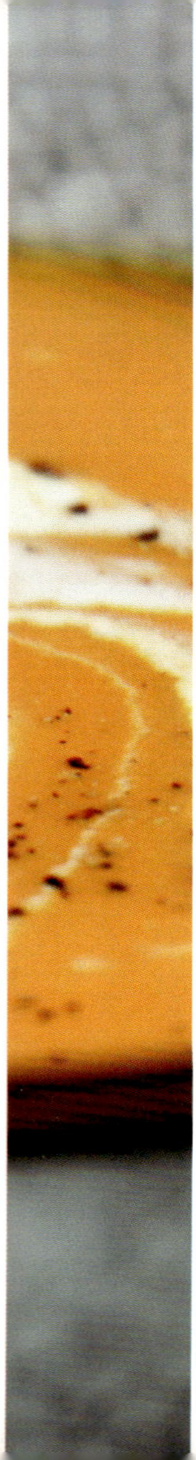

Velouté de potiron au gingembre

Très relevé, ce velouté de potiron au gingembre et au lait de coco se sert en petites quantités. En saison, on peut remplacer le potiron par du potimarron pour un goût plus raffiné.

Pour 8 personnes

- 1,3 kg de potiron (800 g une fois épluché)
- 1 oignon
- 30 g de gingembre frais
- 20 cl de lait de coco
- 1 c. à c. de curry en poudre
- 3 c. à s. de crème fleurette
- 25 g de beurre
- sel

Éplucher et émincer l'oignon. Éplucher le potiron, le découper en gros cubes et le rincer. Éplucher le gingembre et le râper. Faire fondre le beurre dans une cocotte sur feu doux. Ajouter l'oignon et faire revenir pendant 5 min jusqu'à ce qu'il devienne translucide. Incorporer les cubes de potiron et remuer de nouveau pendant quelques minutes. Ajouter le curry, le gingembre et 50 cl d'eau froide. Saler. Placer sur feu fort, puis baisser le feu dès que l'eau commence à bouillir. Faire cuire de 15 à 20 min selon la taille des cubes de potiron, qui doivent être tendres. Verser dans un robot avec l'eau de cuisson et mixer pendant plusieurs minutes. Remettre le velouté dans la cocotte et ajouter le lait de coco. Faire cuire pendant quelques minutes. Attendre que la soupe soit bien froide avant de la congeler. Le jour J : laisser le velouté au réfrigérateur pendant 12 h. Verser dans une casserole avec la crème fleurette pour réchauffer. Servir très chaud.

Salade de lentilles à la coriandre, au magret de canard et au parmesan

On prépare les lentilles la veille, et éventuellement la vinaigrette. Le jour J, il ne reste plus qu'à réunir les ingrédients et à bien mélanger. À servir en entrée ou en plat principal pour un dîner léger.

Pour 2 personnes

- 120 g de lentilles vertes
- 1 échalote
- 8 tranches de magret de canard fumé
- 30 g de copeaux de parmesan
- 1/2 bouquet de coriandre
- 1 c. à s. d'huile de noix
- 2 c. à s. d'huile d'olive
- 1 c. à s. de vinaigre de cidre
- sel et poivre

À faire la veille. Rincer les lentilles. Éplucher l'échalote. Verser les lentilles et l'échalote entière dans une casserole d'eau froide. Porter à ébullition puis baisser le feu. Faire cuire pendant 25 min environ, jusqu'à ce que les lentilles soient cuites, mais encore un peu fermes. Égoutter et laisser refroidir avant de placer les lentilles au réfrigérateur. Préparer la vinaigrette en mélangeant l'huile de noix, l'huile d'olive et le vinaigre. Saler et poivrer.

Le jour J, laver la coriandre et la ciseler. Au moment de servir, verser la sauce sur les lentilles et mélanger. Verser dans 2 assiettes. Disposer 4 tranches de magret de canard sur chaque plat, répartir le parmesan et la coriandre.

Variante

On peut remplacer les tranches de magret de canard par du jambon cru effiloché.

Caponata d'aubergines aux câpres

Ce plat italien se prépare la veille, pour être dégusté tiède ou froid avec une viande grillée au barbecue, une omelette, une salade, ou encore seul, en entrée. La caponata se congèle très bien.

Pour 6 personnes

- 800 g d'aubergines
- 2 oignons
- 3 c. à c. de câpres
- 40 g d'olives noires dénoyautées
- 3 tomates
- 2 c. à s. de vinaigre de cidre
- huile d'olive
- sel et poivre

Ébouillanter les tomates pendant 2 min. Les égoutter et retirer leur peau. Découper la chair en gros morceaux, enlever les graines. Éplucher et émincer les oignons en fines lamelles. Les faire revenir dans une cocotte sur feu moyen pendant 5 min. Ajouter alors les tomates, du sel, du poivre et laisser cuire encore pendant 10 min. Couper les olives en deux. Verser les câpres et les olives sur le mélange tomates-oignons et couper le feu, mais laisser la casserole dessus. Laver les aubergines et couper les extrémités. Découper des tranches de 1 cm de large dans chaque aubergine, puis découper chaque tranche en petits cubes. Faire chauffer de l'huile sur feu vif dans deux grandes poêles. Répartir les cubes d'aubergines bien à plat dans les poêles et les faire cuire pendant 10 min en mélangeant régulièrement. Saler. Les légumes doivent se colorer. Baisser le feu et prolonger la cuisson de 5 min environ, jusqu'à ce que les aubergines soient tendres. Verser alors le contenu des poêles dans la cocotte et mélanger délicatement les aubergines aux oignons et aux tomates. Ajouter le vinaigre de cidre et faire chauffer sur feu moyen pendant quelques instants. Laisser refroidir avant de stocker au réfrigérateur ou de congeler.

Tian provençal

Le tian désigne à l'origine le plat dans lequel, en Provence, sont cuits ces légumes au four. Par extension, il désigne aussi le contenu : ici, des courgettes et des tomates sur un lit d'oignons. Pour l'esthétique, il faut penser à bien émincer les oignons en lamelles plutôt qu'en petits morceaux. À servir avec une viande rouge, une omelette, du jambon cru ou une salade verte.

Pour 4 personnes

- 400 g d'oignons
- 200 g de courgettes
- 4 tomates rondes
- 1 gousse d'ail
- huile d'olive
- thym
- fleur de sel et poivre

Éplucher la gousse d'ail et la couper en deux. Huiler un plat et le frotter avec 1/2 gousse d'ail. Éplucher et émincer les oignons en lamelles. Préchauffer le four à 200 °C. Verser un peu d'huile d'olive dans une poêle et faire revenir les oignons pendant 10 min à feu moyen sans les laisser colorer. Pendant ce temps, laver les courgettes et les tomates. Les découper en fines tranches bien régulières. Répartir les oignons dans le plat. Déposer par-dessus une rangée de courgettes en les superposant les unes sur les autres. À côté, procéder de la même façon avec une rangée de tomates, puis une autre de courgettes, puis de tomates, etc. Ajouter 1 filet d'huile d'olive, de la fleur de sel, du poivre et du thym. Faire cuire au four de 35 à 40 min. Laisser refroidir avant de placer le plat au réfrigérateur. Déguster à température ambiante ou tiédi au four pendant quelques minutes.

Galettes de quinoa aux légumes

On peut réaliser ces galettes la veille pour le lendemain ou les congeler pour les déguster au fur et à mesure, en cas de besoin. Les enfants peuvent les manger avec les doigts, et même les tremper dans du ketchup. Il suffit de ne pas leur dire ce qu'il y a dedans...

Pour 4 personnes (20 galettes)

- 80 g de quinoa
- 200 g de courgettes
- 60 g de carotte
- 1 échalote
- 2 œufs
- 50 g d'emmental râpé
- 2 c. à s. de farine
- 8 brins de ciboulette
- huile d'olive
- sel et poivre

Rincer le quinoa, le verser dans une casserole, recouvrir d'eau froide et porter à ébullition. Faire cuire pendant 15 min à découvert. Retirer la casserole du feu, couvrir et laisser gonfler. Éplucher et râper la carotte. Laver les courgettes, les râper comme la carotte. Placer les courgettes râpées dans un torchon propre et presser avec les mains pour enlever l'eau. Émincer l'échalote et ciseler la ciboulette. Battre les œufs en omelette dans un bol. Ajouter le quinoa cuit, les légumes râpés, l'échalote, l'emmental, la farine et la ciboulette. Bien mélanger. Saler et poivrer. Faire chauffer un peu d'huile d'olive dans une poêle. Lorsqu'elle est chaude, verser plusieurs petits tas de 1 c. à s. de pâte dans la poêle et tasser avec le dos de la cuillère pour les étaler. Laisser cuire pendant 5 min puis retourner les galettes et faire cuire pendant 5 min supplémentaires. Lorsque les galettes sont cuites, les poser sur une feuille de papier absorbant puis laisser refroidir. Renouveler l'opération pour réaliser les autres galettes. Au moment de servir, réchauffer de préférence au four à 180 °C plutôt qu'au micro-ondes, pour éviter que les galettes ne ramollissent.

Flans de roquette à la ricotta

Il est important de couper la roquette après l'avoir fait fondre dans la poêle pour pouvoir croquer dans ces flans facilement. Pour un dîner léger, prévoir deux flans par personne, accompagnés d'une salade verte. On peut aussi les servir en entrée en plus petite quantité, ou même les manger avec les doigts, lors d'un pique-nique.

Pour 6 flans

- 125 g de roquette
- 250 g de ricotta
- 3 œufs
- 50 g de parmesan râpé
- 1 gousse d'ail
- huile d'olive
- sel et poivre

Préchauffer le four à 180 °C. Laver et essorer la roquette. Éplucher et presser la gousse d'ail. Faire chauffer un peu d'huile dans une poêle et faire revenir l'ail. Ajouter la roquette et la faire fondre pendant 5 min en tournant de temps en temps. Verser la roquette sur une assiette et la couper grossièrement au couteau. Mélanger les œufs, la ricotta et le parmesan au batteur électrique dans un bol. Ajouter la roquette, du sel et du poivre. Verser la préparation dans 6 moules à muffin en silicone. Faire cuire pendant 20 min au four. Laisser refroidir puis démouler. Conserver au réfrigérateur jusqu'au lendemain. Réchauffer pendant quelques minutes au four avant de servir.

Gratin de pommes de terre façon chips

Encore une recette de gratin de pommes de terre ? La nouveauté, ici, tient dans la découpe des pommes de terre, façon chips, à l'aide d'une râpe à légumes. Inutile, donc, de précuire les pommes de terre : finement coupées, elles cuiront au four en gardant tout leur moelleux. Ce gratin est aussi à l'aise sur une table familiale pour accompagner une simple omelette que lors d'un dîner plus chic, avec un carré d'agneau.

Pour 3 personnes

- 450 g de pommes de terre charlottes
- 3 gousses d'ail
- 20 cl de crème fraîche épaisse
- 120 g d'emmental râpé
- beurre
- sel et poivre

Éplucher, laver et sécher les pommes de terre. Les râper avec une râpe à chips à la main ou dans un robot. Étaler les pommes de terre sur une feuille de papier absorbant, recouvrir d'une autre feuille et bien éponger. Beurrer le plat. Écraser les gousses d'ail. Préchauffer le four à 180 °C. Diviser les pommes de terre en trois. Étaler une première couche de pommes de terre, tranche par tranche, au fond du plat. Saler, poivrer. Répartir par-dessus 1 c. à s. de crème fraîche à l'aide d'une cuillère, en veillant à ne pas déplacer les pommes de terre. Répartir l'équivalent de 1 gousse d'ail écrasée sur la crème. Recouvrir d'une fine couche d'emmental râpé. Recommencer avec une deuxième couche de pomme de terre puis du sel, du poivre, de la crème, de l'ail et de l'emmental. Renouveler l'opération une dernière fois en terminant par le fromage. Faire cuire au four pendant 1 h. Recouvrir d'une feuille d'aluminium en fin de cuisson si le dessus du gratin est trop foncé. Laisser refroidir avant de placer le gratin au réfrigérateur. Le lendemain, réchauffer le gratin en le passant au four à 200 °C pendant une dizaine de minutes.

Gratin de courgettes râpées au basilic

Le secret de ce gratin, c'est que les courgettes sont non seulement râpées, mais aussi essorées entre les mains, afin que toute l'eau en soit exprimée. À servir avec une volaille ou un poisson grillé et à cuisiner la veille ou à congeler.

Pour 4 personnes

- 500 g de courgettes
- 2 œufs
- 2 gousses d'ail
- 80 g de parmesan râpé
- 2 c. à s. de crème fraîche
- 20 feuilles de basilic
- huile d'olive
- sel et poivre

Huiler un plat allant au four. Laver et râper les courgettes à l'aide d'une râpe à main, comme pour réaliser des carottes râpées. Placer les courgettes râpées dans un torchon propre et presser avec les mains au dessus de l'évier pour enlever l'eau. Préchauffer le four à 180 °C. Battre les œufs à la fourchette dans un grand bol. Ajouter les courgettes râpées et la crème, et mélanger de nouveau. Éplucher et presser les gousses d'ail. Laver le basilic et le ciseler. Réserver 1 c. à s. de parmesan râpé. Incorporer l'ail, le reste du parmesan et le basilic à la préparation. Saler et poivrer. Verser dans le plat, saupoudrer de 1 c. à s. de parmesan râpé et faire cuire au four de 30 à 40 min selon l'épaisseur du gratin.

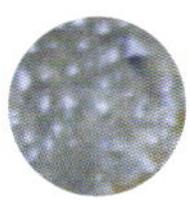

Variante

On peut utiliser cette base de gratin pour garnir une pâte feuilletée toute prête et réaliser une tarte aux courgettes, en conservant le même temps de cuisson.

Épaule d'agneau confite aux petits légumes

L'épaule d'agneau cuite à la cocotte à four très doux confit délicatement. Ce plat se prépare la veille, mais il peut aussi être congelé, à condition de découper la viande en morceaux après la cuisson et d'enlever l'os.

Éplucher l'oignon, les carottes, les navets et l'ail. Émincer l'oignon et presser l'ail. Couper tous les légumes (carottes, navets, aubergine, poivrons rouge et vert) en bâtonnets, un peu comme des frites. Faire chauffer un peu d'huile dans 2 poêles. Faire revenir les carottes et les navets dans une poêle, l'aubergine et l'oignon dans l'autre. Faire revenir les poivrons dans une cocotte allant au four. Lorsque tous les légumes sont un peu colorés, c'est-à-dire après 5 ou 10 min de cuisson, les réunir tous dans la cocotte. Ajouter l'ail. Préchauffer le four à 165 °C. Faire revenir l'épaule d'agneau entière sur feu vif pendant 5 min dans l'une des poêles, puis la retourner et la saisir encore pendant 5 min. Saler et poivrer. Verser le cumin, le piment d'Espelette et les raisins secs sur les légumes et mélanger. Saler et poivrer. Déposer l'épaule d'agneau sur les légumes. Fermer la cocotte et mettre au four. Faire cuire pendant 2 h en baissant le four sur 150 °C après 1 h de cuisson. Sortir la cocotte, l'ouvrir pour laisser refroidir. Réserver au réfrigérateur jusqu'au lendemain.

Pour 6 personnes

- 1 épaule d'agneau de 1,2 kg
- 1 oignon
- 3 gousses d'ail
- 3 carottes
- 2 navets
- 1 aubergine
- 1 petit poivron vert
- 1 petit poivron rouge
- 1 c. à c. de cumin
- 1/2 c. à c. de piment d'Espelette
- 80 g de raisins secs
- huile d'olive
- sel et poivre

Agneau du Nouveau-Mexique

Accompagné de guacamole, de citron vert et – pourquoi pas ? – de tortillas mexicaines, cet agneau du Nouveau-Mexique est relevé, mais pas trop fort pour les palais délicats. Un plat mijoté idéal à congeler.

Découper le piment rouge le plus finement possible en enlevant les pépins. Éplucher et écraser l'ail. Verser l'origan, le chili, le cumin, le piment et l'ail dans un petit bol. Faire chauffer l'huile d'olive sur feu moyen dans une cocotte. Lorsqu'elle est bien chaude, faire revenir les morceaux d'agneau sur toutes les faces pendant quelques minutes. Ajouter alors le mélange d'épices et d'ail, puis remuer. Verser les tomates et leur jus. Faire cuire pendant 5 min à feu moyen. Incorporer les raisins secs et le cacao. Saler. Mettre sur feu fort. Après 5 min, lorsque la sauce bout, baisser le feu et faire cuire de 20 à 25 min, jusqu'à ce que la viande soit cuite. Ajouter les olives en fin de cuisson. Laisser refroidir puis congeler, en entier ou en plusieurs portions. Au moment de servir : sortir le plat du congélateur pour le laisser au réfrigérateur pendant quelques heures avant le dîner. Réchauffer sur feu doux. Presser 1/2 citron vert et laver la coriandre. Lorsque le plat est tiède, verser le jus de citron et les feuilles de 3 brins de coriandre. Servir bien chaud accompagné d'un peu de riz blanc, de 1 quartier de citron vert, de coriandre hachée et de guacamole.

Pour 6 personnes

- 1,2 kg d'épaule d'agneau désossée, en morceaux
- 400 g de tomates concassées en boîte
- 80 g de raisins secs
- 80 g d'olives vertes dénoyautées
- 1 bouquet de coriandre
- 2 citrons verts
- 1 pot de guacamole
- 5 c. à c. de cacao en poudre non sucré
- 1/2 piment rouge au vinaigre
- 1 c. à c. de chili en poudre
- 1 c. à c. de cumin
- 1 c. à s. d'origan
- 2 gousses d'ail
- huile d'olive
- sel

Tagine d'agneau aux amandes et aux pruneaux

Un plat mijoté à faire la veille ou à congeler. Attention à ne pas trop réduire la sauce : le tagine doit rester moelleux, même lorsqu'on le réchauffe.

Pour 6 personnes

- 1,2 kg d'épaule d'agneau coupée en morceaux
- 500 g d'oignons
- 300 g de pruneaux
- 200 g d'amandes mondées
- 1 c. à c. de paprika
- 1 c. à c. de gingembre en poudre
- 1 dose de safran en poudre
- 1 bâton de cannelle
- 1 c. à s. de sucre en poudre
- huile d'olive
- sel et poivre

Faire chauffer un peu d'huile d'olive dans une cocotte et y faire revenir les morceaux d'agneau sur toutes les faces pendant quelques minutes. Les retirer. Éplucher et émincer les oignons. Les faire revenir dans la cocotte jusqu'à ce qu'ils deviennent translucides. Ajouter le paprika, le gingembre, le safran, la cannelle, du sel et du poivre. Bien mélanger, puis ajouter les morceaux d'agneau revenus. Laisser mijoter sur feu doux en couvrant la cocotte. Pendant ce temps, verser les pruneaux et le sucre dans une casserole. Recouvrir d'eau à mi-hauteur. Faire cuire pendant 15 min à découvert. Égoutter le trop-plein d'eau et verser les pruneaux dans la cocotte de viande après 45 min de cuisson. Faire cuire encore pendant 15 min. Laisser refroidir avant de placer au réfrigérateur. Au moment de servir, faire revenir les amandes mondées à la poêle pendant quelques minutes pour les colorer, en les surveillant de près pour ne pas les brûler. Réchauffer l'agneau sur feu doux. Servir le tagine recouvert d'amandes grillées, accompagné de semoule.

Speedy chili aux trois viandes

Il existe probablement autant de recettes de chili que de haricots rouges dans le fameux plat. Cette recette mélange trois viandes : du bœuf haché, du veau haché et des lardons, ce qui lui donne un petit goût unique. À cuisiner en moins d'une demi-heure à l'autocuiseur.

Pour 4 personnes

- 400 g de steak haché
- 200 g de veau haché
- 100 g de lardons
- 400 g de tomates concassées en boîte
- 400 g de haricots rouges en boîte
- 1 c. à s. de concentré de tomate
- 1 poivron rouge
- 1 gros oignon
- 2 gousses d'ail
- 2 c. à c. de cumin
- 1 c. à c. de paprika
- 1 pincée de piment de Cayenne
- huile d'olive
- sel et poivre

Émincer l'oignon. Peler et presser les gousses d'ail. Laver le poivron, enlever les pépins et le découper en dés. Faire chauffer un peu d'huile dans l'autocuiseur. Faire revenir l'oignon, l'ail et le poivron pendant quelques minutes. Ajouter les lardons et remuer de nouveau. Verser ensuite les tomates, le steak et le veau hachés et émietter finement les viandes à l'aide d'une cuillère. Terminer en versant les épices, du sel, du poivre et le concentré de tomate. Ajouter 30 cl d'eau et fermer l'autocuiseur en montant le feu au maximum. Lorsqu'il siffle, baisser le feu et laisser cuire pendant 20 min. Ouvrir l'autocuiseur et attendre un complet refroidissement pour congeler. Laisser le chili au réfrigérateur de 8 à 10 heures avant de le déguster. Au moment de servir, réchauffer le plat sur feu doux. Lorsqu'il est tiède, ajouter les haricots rouges et mélanger. Servir très chaud accompagné de nachos.

Parmentier de canard

Un plat qui peut se préparer la veille et dont on peut congeler les restes dans un récipient en aluminium. On le passera ensuite au four pour le décongeler.

Pour 6 personnes

- 4 cuisses de confit de canard
- 800 g de pommes de terre
- 2 gousses d'ail
- 1 échalote
- 12 cl de lait demi-écrémé
- 50 g de beurre
- 50 g d'emmental râpé + 2 c. à s.
- quelques brins de persil
- sel

Placer les cuisses de canard dans un grand plat et faire cuire au four à 200 °C pendant quelques minutes pour faire fondre la graisse. Sortir le plat du four. Égoutter les cuisses, enlever la peau et les os, réduire la chair en fines lamelles avec les doigts. Laver le persil et le ciseler. Éplucher et émincer l'échalote. Éplucher et presser les gousses d'ail. Faire revenir l'échalote et l'ail dans une poêle avec un peu de graisse de canard. Ajouter ensuite la chair de canard et le persil. Mélanger et cuire pendant 5 min. Verser la chair de canard au fond du plat. Éplucher les pommes de terre, les couper en gros morceaux et les placer dans une casserole d'eau froide salée. Porter à ébullition, baisser le feu et faire cuire pendant 15 min jusqu'à ce que les morceaux soient tendres. Égoutter et remettre les pommes de terre dans la casserole. Faire chauffer le lait dans une autre casserole. Ajouter le beurre froid coupé en dés dans les pommes de terre et mixer à l'aide d'un mixeur plongeant. Verser le lait chaud petit à petit tout en continuant à mixer. Incorporer l'emmental râpé et mixer encore. Étaler cette purée sur la chair de canard. Recouvrir de 2 c. à s. d'emmental râpé et cuire au four pendant 15 min.

Cuisses de poulet à la diable

On laisse mariner le poulet pendant quelques heures à l'avance, et il n'y a plus qu'à le mettre au four pendant 50 min. Un recette sans stress par excellence. Le secret : bien arroser avec le jus de la marinade tous les quarts d'heure pendant la cuisson.

Pour 4 personnes

- 4 cuisses de poulet coupées en deux
- 2 gousses d'ail
- 3 petits piments oiseaux séchés
- 1 c. à s. de romarin, thym, origan et sauge
- 1/2 citron
- 4 à 5 c. à s. d'huile d'olive
- fleur de sel

Éplucher et presser les gousses d'ail. Émincer finement les piments oiseaux en conservant les pépins. Presser le demi-citron. Verser l'ail, le piment, les herbes, la fleur de sel et le jus de citron dans un bol. Mélanger à la cuillère et allonger la marinade avec de l'huile d'olive. Disposer les cuisses de poulet dans un grand plat. Verser la marinade sur la volaille et bien mélanger, avec les doigts, afin que chaque morceau de poulet soit recouvert de marinade sur toutes ses faces. Réserver au réfrigérateur jusqu'au moment de la cuisson. Préchauffer le four à 180 °C. Faire cuire au four pendant 50 min en arrosant les cuisses de poulet avec le jus de cuisson toutes les 15 min. Servir avec du riz blanc.

Variante

La marinade à la diable fonctionne aussi très bien sur des coquelets coupés en deux, un carré d'agneau ou même pour de grosses crevettes cuites au wok.

Poulet exotique

La légende familiale veut que cette recette nous vienne directement de... Jeanne Moreau. L'actrice aurait cuisiné ces cuisses de poulet exotique à une amie de la famille à plusieurs reprises à l'époque où elles travaillaient ensemble, il y a vingt ans. La recette, intacte ou adaptée (qui sait ?), est arrivée jusqu'à nous. À la maison, on l'appelle d'ailleurs « le poulet Jeanne Moreau ». Il peut patienter pendant quelques heures au réfrigérateur, il n'y a ensuite qu'à le cuire.

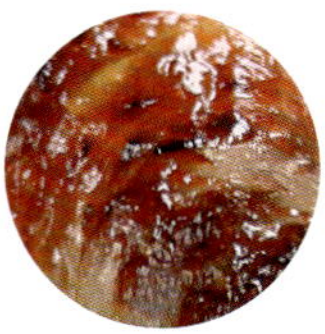

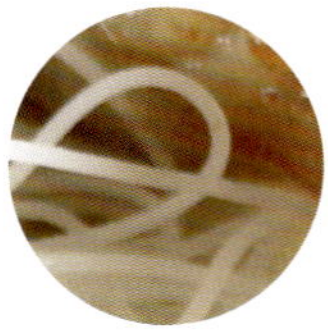

Pour 4 personnes

- 4 cuisses de poulet coupées en deux
- 4 c. à s. de chutney à la mangue doux
- 4 c. à s. de miel
- 50 g de gingembre frais
- 1/2 citron
- huile d'olive

Peler et râper le gingembre. Huiler un plat allant au four. Déposer les morceaux de poulet dans le plat. Étaler 1 c. à s. de chutney, 1 c. à s. de miel et un peu de gingembre râpé sur chaque morceau. Réserver au réfrigérateur pendant quelques heures jusqu'au moment de cuire. Préchauffer le four à 180 °C. Presser le demi-citron et arroser le poulet. Verser 1/2 verre d'eau au fond du plat. Faire cuire au four pendant 50 min en arrosant le poulet toutes les 15 min pour qu'il reste bien tendre. Servir avec du riz basmati ou des vermicelles de riz.

Doux curry de poulet aux pignons

Les oignons caramélisés font toute la saveur de ce plat peu épicé. Il peut patienter pendant 24 h dans un réfrigérateur ou plus longtemps au congélateur. Le secret : il faut veiller à ne pas faire évaporer tout le liquide, afin que la sauce reste onctueuse. Ce plat se congèle très bien. Si l'on a beaucoup de sauce, on peut même en congeler un peu à part dans un récipient pour agrémenter, un autre jour, un simple blanc de poulet cuit à la poêle.

Pour 2 personnes

- 2 cuisses de poulet coupées en deux
- 1 gros oignon
- 1 c. à c. de curry en poudre
- 50 g de raisins secs
- 30 g de pignons
- 1 verre de vin blanc sec
- huile d'olive
- sel et poivre

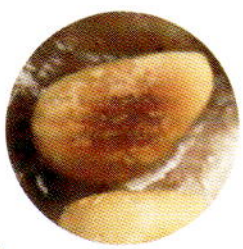

À faire la veille. Éplucher l'oignon et le couper en lamelles. Le faire revenir avec un peu d'huile dans une casserole pendant 5 min. Retirer l'oignon, déposer à la place les cuisses de poulet pour les colorer sur toutes leurs faces pendant 5 min. Ajouter l'oignon, le curry, les raisins secs et le vin blanc. Bien mélanger et couvrir. Lorsque le liquide bout, baisser le feu et laisser cuire pendant 45 min. Pendant ce temps, faire revenir les pignons dans une poêle pour les faire colorer en les surveillant sans arrêt pour ne pas les brûler. Les réserver dans un bol jusqu'au lendemain. Laisser refroidir le poulet avant de mettre au réfrigérateur. Au moment de servir, réchauffer le plat sur feu doux. Ajouter les pignons et servir immédiatement avec un peu de riz basmati.

Poulet à l'escabèche

Un plat d'été à déguster froid, si possible sur une terrasse ombragée. À faire la veille obligatoirement, pour que le bouillon se transforme en gelée, et à servir avec une salade verte.

Pour 6 personnes

- 1 poulet entier, avec la carcasse
- 1 tête d'ail
- 2 oignons
- 1 poignée de poivre noir en grains
- 2 clous de girofle
- 1 c. à s. de thym
- 2 feuilles de laurier
- huile neutre (Isio 4, tournesol…)
- vinaigre d'alcool cristal
- sel et poivre

Éplucher les oignons et les couper en six. Défaire la tête d'ail pour isoler les gousses, mais sans les éplucher. Couper le poulet en morceaux et le mettre dans une grande casserole. Ajouter les oignons, les gousses d'ail entières, le poivre en grains, le thym, le laurier et les clous de girofle. Saler. Verser 1 louche d'huile neutre, 2 louches de vinaigre d'alcool cristal et 1/2 louche d'eau. Le poulet doit être presque entièrement recouvert, à quelques centimètres près. Si ce n'est pas le cas, compléter avec de l'huile, du vinaigre et de l'eau, en respectant les proportions. Placer la casserole sur feu fort sans couvercle.

Lorsque le liquide bout, baisser le feu et couvrir. Faire cuire pendant 45 min. Laisser refroidir pendant 30 min. Répartir les morceaux de poulet dans un plat, ainsi que les gousses d'ail et quelques morceaux d'oignon. Placer le laurier au milieu du plat. Filtrer le jus de cuisson et en verser une partie sur le poulet pour le recouvrir presque à hauteur. Laisser refroidir et placer au réfrigérateur jusqu'au lendemain. Servir froid.

Poulet en gelée de coriandre

La coriandre parfume et apporte une touche de couleur à ce poulet en gelée. Il faut patienter au moins 12 h pour que la gelée prenne. Un plat idéal à préparer la veille.

Pour 4 personnes

- 1 poulet entier avec la carcasse
- 1 citron
- 1 oignon
- 2 gousses d'ail
- 1 petit morceau de gingembre frais
- 1/2 c. à c. de piment d'Espelette
- 1/2 bouquet de coriandre
- sel et poivre

Éplucher et émincer l'oignon. Éplucher le gingembre. Éplucher l'ail, le couper en deux et enlever le germe. Laver le citron et le découper en huit dans la hauteur. Couper le poulet en morceaux. Les mettre dans une cocotte avec l'oignon, l'ail, le gingembre et le citron. Recouvrir presque à hauteur d'eau froide. Ajouter le piment d'Espelette, du sel et du poivre. Porter à ébullition. Lorsque l'eau bout, baisser le feu et faire cuire pendant 25 min. Laisser refroidir de 30 à 60 min pour pouvoir manipuler le poulet avec les mains sans se brûler. Sortir les morceaux de poulet de la cocotte. Enlever la peau et réduire la chair en fins morceaux avec les doigts. Jeter la peau et les os. Répartir la chair de poulet dans un plat. Répartir, autour, les morceaux de citron. Laver la coriandre et la hacher grossièrement avec des ciseaux. Répartir la coriandre sur le poulet. Récupérer le gingembre, le couper en lamelles et les disposer dans le plat. Filtrer le bouillon pour ne conserver que le jus. Recouvrir le poulet presque à hauteur avec le bouillon. Laisser au réfrigérateur jusqu'au lendemain pour que le bouillon se transforme en gelée. Servir froid accompagné d'une salade verte.

Buffets de fête

finger food salé

Prêt en moins de 10 minutes chrono

L'intérêt de cuisiner à l'avance, c'est qu'il ne reste plus rien à faire le jour J. Mais certaines recettes préparées le jour même ne génèrent presque aucun stress, car quelques minutes suffisent pour les réaliser. Voici des idées de plats cuisinés à la dernière minute qui vous laisseront le temps de prendre un bain avant le dîner…

Salade de pastèque NYC

La veille, couper 1/2 pastèque en gros cubes. Le lendemain, ajouter de la feta émiettée, des feuilles de menthe ciselées, de l'huile d'olive, du sel et du poivre. Frais et savoureux. La petit truc en plus : c'est à la mode à New York.

Tomates-mozza lilliputiennes

Piquer 1 tomate cerise et 1 boulette de mozzarella sur un cure-dents. Saler et poivrer abondamment. Laver quelques petites feuilles de basilic et les conserver dans un bol rempli d'eau froide et de glaçons pour qu'elles restent bien fraîches. Au moment de servir, ajouter 1 feuille de basilic sur chaque cure-dents.

Œufs de caille en Technicolor

La veille, faire cuire les œufs de caille en les plongeant pendant 4 min dans de l'eau bouillante. Le jour J, écaler les œufs et tremper la pointe de chaque œuf dans une coupelle d'épices (curry, curcuma, paprika, piment d'Espelette, poivre noir, etc.). Changer d'épice pour chaque œuf et les disposer en damier sur une assiette en alternant les couleurs.

Fromages en self-service

Demandez à votre fromager de vous découper différentes variétés de fromages en portions individuelles à déguster avec les doigts pendant un buffet : pétales de tête-de-moine, dés de mimolette extravieille, bouchées de petits chèvres frais aromatisées aux herbes ou aux épices, cubes de tomme de brebis, etc. Il ne reste plus qu'à les disposer sur un joli plateau.

Gressins déguisés

Faire découper par le charcutier des tranches très fines de salami, par exemple au fenouil. Au moment de servir, enrouler chaque tranche à l'extrémité d'un gressin à l'huile d'olive ou au romarin. C'est chic, et il n'y a rien à faire !

Cake de thon au basilic

Le thon à l'huile, en boîte, donne tout son moelleux à ce cake relevé de basilic. À découper en tranches ou en gros cubes pour un buffet. Ce cake peut se préparer la veille ou se congeler, en tranches ou directement dans son moule de cuisson en aluminium.

Pour 6 personnes (1 cake)

- 320 g de miettes de thon à l'huile d'olive
- 3 œufs
- 100 g de farine
- 1 sachet de levure
- 100 g de parmesan râpé
- 1 petit bouquet de basilic
- 25 g de pignons
- 4 c. à s. d'huile d'olive
- 10 cl de lait demi-écrémé

Préparer un pesto dans un robot mixeur en mélangeant le basilic, les pignons et 20 g de parmesan. Allonger avec l'huile d'olive. Préchauffer le four à 180 °C. Verser la farine, la levure et les œufs dans un saladier et mélanger au batteur électrique. Égoutter les miettes de thon. Verser le thon dans le saladier, avec le reste de parmesan et le pesto maison. Continuer à battre et ajouter le lait. Verser la préparation dans un moule à cake en aluminium. Faire cuire de 40 à 45 min au four. Vérifier la cuisson en insérant la lame d'un couteau : elle doit ressortir sèche. Laisser refroidir avant de conserver au réfrigérateur ou de congeler.

Variante

On peut remplacer la purée de basilic, de pignons et de parmesan par 2 à 3 c. à s. de pesto du commerce.

Crèmes de foie gras

Plus chics que des toasts de foie gras et entièrement préparées la veille : ces crèmes très riches se servent froides en toute petite quantité sur un buffet. Accompagnées de mouillettes de chutney à la figue sur un pain aux noix pour une version encore plus chic.

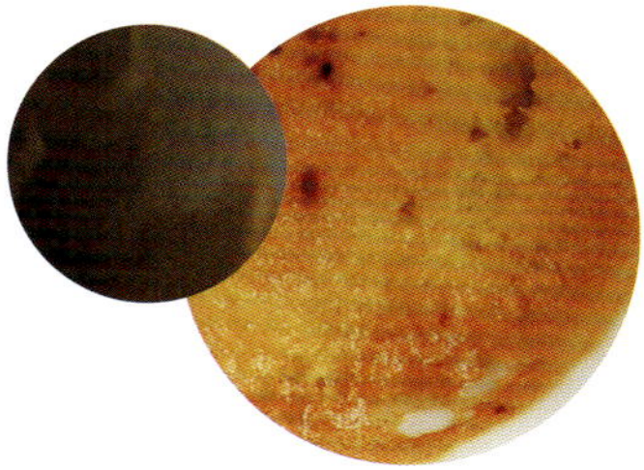

Pour 10 personnes

- 150 g de foie gras
- 10 cl de crème liquide entière
- 40 cl de lait demi-écrémé
- 6 œufs
- 2 pincées de piment d'Espelette
- fleur de sel et poivre

Couper le foie gras en petits morceaux en enlevant l'excédent de graisse. Verser le lait, la crème et le foie gras dans une casserole. Porter à ébullition pendant quelques minutes. Ajouter le piment d'Espelette, la fleur de sel et le poivre. Laisser refroidir pendant 15 min. Préchauffer le four à 165 °C. Mixer dans un grand robot mixeur pendant 2 min pour que la préparation devienne homogène. Ajouter les œufs un par un en mixant. Verser la crème de foie gras dans de petits récipients et faire cuire au bain-marie pendant 20 min. Les crèmes ne doivent pas être liquides. Laisser refroidir et réserver au réfrigérateur jusqu'au lendemain.

Dés de polenta aux olives

La polenta, c'est-à-dire la semoule de maïs, durcit en refroidissant. Il est alors facile de la découper en dés pour la servir sur des piques en bois. Les invités trempent chaque dé dans du coulis de tomates avant de le déguster. Parfait pour un apéritif aux saveurs italiennes.

Pour 8 personnes

- 250 g de polenta
- 50 g de parmesan râpé
- 50 g d'olives noires dénoyautées
- huile d'olive
- sel

Pour la sauce

- 200 g de coulis de tomates (maison ou en brique)
- 1/2 c. à c. de piment d'Espelette
- quelques feuilles de basilic
- sel et poivre

À faire la veille. Couper chaque olive en quatre. Huiler un grand plat. Mettre 1,25 litre d'eau froide et 1 c. à c. de sel dans une casserole. Lorsque l'eau bout, baisser le feu et verser la polenta en pluie en remuant à l'aide d'une cuillère en bois. Lorsque la polenta commence à prendre, ajouter le parmesan et les olives sans cesser de remuer. Faire cuire pendant 5 min en remuant pour éviter la formation de grumeaux. Verser la polenta dans le plat et lisser le dessus à l'aide d'une spatule. Laisser refroidir puis réserver au réfrigérateur. Préparer la sauce. Ciseler le basilic et mélanger tous les ingrédients. Réserver au réfrigérateur. Au moment de servir, découper la polenta en dés de différentes tailles et servir avec la sauce.

Variante

On peut ajouter à la polenta des tomates séchées coupées en dés, des morceaux de jambon cru, des épices, etc.

Brochettes de bœuf Yakitori, sauce satay

On peut préparer la sauce satay la veille. Les brochettes peuvent aussi être cuites la veille, mais, leur cuisson étant limitée à quelques minutes, il est plus simple de les passer à la poêle au dernier moment.

Pour 4 personnes

- 400 g de filet de bœuf
- 5 c. à s. de sauce soja
- 1 morceau de gingembre (5 cm)
- 1 gousse d'ail
- 1 c. à s. d'huile d'olive

Pour la sauce satay

- 1 gousse d'ail
- 2 c. à s. de beurre de cacahuètes
- 20 g de cacahuètes
- 5 c. à s. de lait de coco
- 1 c. à s. de vinaigre de cidre
- huile d'olive

La veille, préparer la sauce satay. Presser la gousse d'ail et la faire revenir dans un peu d'huile d'olive dans une casserole. Ajouter le vinaigre, le beurre de cacahuètes et le lait de coco. Faire cuire pendant 5 min puis réserver au réfrigérateur. La veille ou quelque heures avant de servir, préparer la marinade. Éplucher et râper le gingembre. Presser la gousse d'ail. Dans un plat, mélanger la sauce soja, l'huile d'olive, l'ail et le gingembre. Couper le bœuf en dés. Le verser dans la marinade et bien mélanger. Laisser reposer au réfrigérateur. Au moment de servir, préparer les brochettes en plaçant quelques dés de viande sur des piques. Faire chauffer un peu d'huile dans une poêle. Faire cuire les brochettes à feu vif pendant quelques minutes sur toutes les faces. Recouvrir de marinade. Concasser grossièrement les cacahuètes et les verser sur la sauce satay. Servir les brochettes bien chaudes avec la sauce à température ambiante.

Rillettes de poisson : mousse de hareng et tarama

Le tarama fait maison est facile à reconnaître : il est rose pâle, quand celui du commerce vire au rose bonbon grâce aux colorants artificiels. La mousse de hareng peut se préparer en version light **avec un Saint-Moret allégé. À tartiner sur des toasts de pain de mie, du pain de campagne grillé, des crackers...**

Pour 1 bol de tarama

- 250 g d'œufs de cabillaud
- 1 citron
- 10 cl de crème fraîche épaisse
- poivre

Enlever la peau de la poche d'œufs de cabillaud avec la pointe d'un couteau. Ajouter la crème fraîche et mixer à l'aide d'un mixeur plongeant. Presser le citron et verser son jus dans le tarama. Poivrer. Conserver au réfrigérateur.

Pour 1 bol de mousse de hareng

- 200 g de harengs fumés
- 150 g de Saint-Moret
- 10 brins de ciboulette
- 1 c. à s. de jus de citron

Découper les harengs en gros morceaux et les placer dans le bol d'un mixeur. Mixer jusqu'à obtention d'une pâte homogène. Ajouter le Saint-Moret et le jus de citron puis mixer de nouveau. Verser dans un bol. Émincer la ciboulette par-dessus et mélanger. Conserver au réfrigérateur.

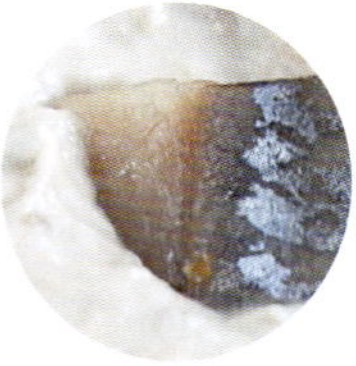

Crostinis végétariens : haricots blancs et pesto rouge

Tous les pestos, habituellement servis sur un plat de pâtes, peuvent être détournés en garniture à crostinis. En particulier ce pesto rouge aux tomates confites, dont la consistance épaisse est parfaite sur une tartine. La sauce aux haricots blancs, elle aussi d'inspiration italienne, peut se tartiner ou se servir en dip avec des gressins.

Pour 1 bol de pesto rouge

- 200 g de tomates séchées en bocal (conservées dans de l'huile)
- 40 g d'olives noires dénoyautées à la grecque
- 1 gousse d'ail
- 1 petit piment oiseau
- 2 c. à s. d'huile d'olive

Égoutter les tomates séchées. Éplucher et presser la gousse d'ail. Émincer le piment oiseau au couteau. Mettre les tomates, les olives, et le piment oiseau dans le bol d'un robot mixeur. Mixer assez finement. Ajouter la gousse d'ail écrasée et l'huile d'olive pour obtenir une consistance plus souple. Conserver dans un récipient hermétique au réfrigérateur.

Pour 1 bol de dip aux haricots blancs

- 250 g de haricots blancs en conserve
- 5 filets d'anchois à l'huile
- 3 c. à s. de jus de citron
- 1/4 de bouquet de persil plat
- 1/4 de piment rouge
- huile d'olive

Enlever les pépins du piment et l'écraser pour obtenir une purée fine. Écraser les anchois à la fourchette. Réunir tous les ingrédients dans le bol d'un robot et mixer longuement pour obtenir une consistance souple. Ajouter un peu d'huile d'olive si le mélange est trop compact. Réserver au réfrigérateur.

Dips aux herbes : ricotta et green goddess

Tremper des petits légumes crus dans une sauce savoureuse : c'est le principe du dip à l'américaine. Radis, bâtonnets de concombre et de carotte, tomates cerises, fenouil cru, champignons de Paris émincés sont relevés par le dip à la ricotta aux herbes. Le dip green goddess, inspiré de la sauce américaine du même nom, est à base d'avocat, d'anchois et d'herbes, pour changer du guacamole. À faire la veille.

Pour 1 bol de dip à la ricotta

- 250 g de ricotta
- 1 c. à s. d'estragon
- 1 c. à s. de ciboulette
- 1 c. à s. de coriandre
- 1 pincée de piment d'Espelette
- 1 c. à s. d'huile d'olive
- sel et poivre

Émincer les herbes. Mélanger tous les ingrédients à la fourchette. Réserver au réfrigérateur jusqu'au lendemain. Servir bien frais.

Pour 1 bol de dip green goddess

- 1 avocat
- 1 échalote
- 1 gousse d'ail
- 1/2 citron vert
- 1/2 citron jaune
- 2 filets d'anchois à l'huile
- 2 c. à s. d'estragon
- 2 c. à s. de coriandre
- 2 c. à s. de basilic
- 5 cl de crème liquide
- 2 c. à s. de vinaigre de cidre
- 2 c. à s. d'huile d'olive
- sel et poivre

Commencer par préparer tous les ingrédients : émincer l'échalote, éplucher et presser la gousse d'ail, presser les citrons, hacher les anchois au couteau, éplucher l'avocat et l'écraser grossièrement à la fourchette. Laver les herbes et les sécher soigneusement. Mélanger l'échalote, l'ail, le citron et le vinaigre dans un grand bol. Ajouter les anchois et l'avocat puis mélanger. Verser la crème liquide puis l'huile d'olive. Saler et poivrer. Ajouter les herbes et mélanger. Conserver au réfrigérateur.

Dips gourmands pour légumes croquants : anchoïade et salsa mexicaine

L'anchoïade, cette sauce à base d'anchois et d'huile d'olive, et la salsa mexicaine à la tomate s'accommodent très bien de petits légumes crus, mais aussi de nachos, de crackers, de pain de campagne grillé...

Pour 1 bol d'anchoïade

- 150 g de filets d'anchois à l'huile
- 3 petites gousses d'ail
- 1 c. à c. de moutarde
- 1 c. à c. de thym
- 4 c. à c. de basilic haché
- 4 c. à c. de vinaigre de vin
- 10 cl d'huile d'olive
- poivre

Égoutter les anchois. Les hacher finement dans un robot mixeur. Ajouter les autres ingrédients en terminant par l'huile d'olive, en mixant au fur et à mesure.

Pour 1 bol de salsa mexicaine

- 6 tomates
- 1 gousse d'ail
- 1 petit oignon frais
- 1/3 de piment rouge
- 1/2 c. à c. de cumin
- 1 citron vert
- 1/2 bouquet de coriandre

Éplucher la gousse d'ail, la mettre dans une casserole d'eau froide. Porter à ébullition et faire cuire pendant 10 min. Égoutter. Ébouillanter les tomates pendant 2 min, puis enlever la peau et les pépins. Mettre la chair des tomates dans un robot et mixer. Presser le citron, émincer l'oignon frais, presser l'ail cuit. Écraser le piment au couteau, en jetant les pépins. Mettre le jus de citron, le cumin, l'oignon, l'ail et le piment dans le robot puis mixer encore pendant quelques minutes. Laver la coriandre, la couper grossièrement et la verser sur la salsa. Conserver au réfrigérateur.

Terrine de foies de volaille

Très facile à préparer à la maison, et tellement meilleure qu'une terrine du commerce. Le muscat apporte un peu de moelleux aux foies de volaille, parfois secs une fois cuits, tandis que les anchois relèvent subtilement le goût de la terrine. À servir avec du pain grillé, des gressins, etc.

Pour 8 personnes

- 500 g de foies de volaille
- 2 œufs
- 2 oignons
- 6 cl de vin doux de type muscat
- 3 anchois à l'huile
- huile d'olive
- sel et poivre

Éplucher et couper les oignons en petits morceaux. Faire chauffer un peu d'huile d'olive dans une poêle sur feu moyen, ajouter les oignons et les faire revenir pendant 5 min. Retirer les oignons de la poêle. À la place, verser les foies de volaille et faire cuire à feu vif pendant 5 min. Ajouter le vin, les oignons, du sel, du poivre et laisser cuire encore pendant 10 min. Faire cuire les œufs pendant 10 min dans l'eau bouillante, jusqu'à ce qu'ils soient durs, puis les écaler. Découper les anchois en petits morceaux. Verser le contenu de la poêle, les œufs durs et les anchois dans un mixeur. Mixer grossièrement pendant quelques instants. Attendre un complet refroidissement avant de réserver au réfrigérateur jusqu'au moment de servir sur des tranches de pain de campagne grillées.

Blinis de pomme de terre

Ces petites crêpes ont la forme, l'aspect, la couleur des blinis, mais pas le goût : la présence de pomme de terre dans la pâte leur donne une saveur très différente. À déguster tièdes avec des œufs de saumon ou de petits morceaux de saumon fumé.

Pour 30 petits blinis

- 300 g de pommes de terre charlottes
- 30 cl de lait demi-écrémé
- 2 œufs
- 100 g de farine
- ciboulette
- beurre pour la cuisson

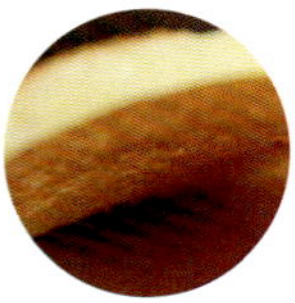

Éplucher les pommes de terre et les couper en gros cubes. Les placer dans une casserole d'eau froide. Porter à ébullition, baisser le feu et faire cuire pendant 10 min. Égoutter. Battre les œufs en omelette dans un grand bol. Ajouter le lait et la farine. Verser les cubes de pomme de terre et mixer à l'aide d'un mixeur plongeant pour obtenir une pâte homogène. Ciseler la ciboulette et la verser dans la pâte. Faire fondre un peu de beurre dans une poêle. Lorsqu'elle est chaude, verser une petite louche de pâte, étaler et laisser cuire pendant quelques minutes. Retourner le blini lorsque de petites bulles se forment à la surface. Renouveler l'opération pour les autres blinis. Attendre que les blinis soient froids avant de les congeler un par un dans une feuille de papier d'aluminium. Décongeler en passant les blinis au four à 180 °C, encore emballés, pendant quelques minutes. Si ces blinis sont réalisés la veille et conservés au réfrigérateur, on peut les réchauffer au micro-ondes pour les tiédir.

Frittata de chèvre frais

Idéale pour un buffet d'été ou à l'apéritif, découpée en portions individuelles, cette frittata peut aussi servir de plat léger, quand elle est accompagnée d'une salade de roquette. Ce plat très rapide à préparer patiente sans problème pendant 24 h au réfrigérateur. À déguster tiède ou froid.

Pour 6 personnes

- 300 g de chèvre frais cendré
- 70 g d'olives noires à la grecque dénoyautées
- 3 œufs
- 20 cl de lait demi-écrémé
- thym
- huile d'olive
- fleur de sel et poivre

Préchauffer le four à 180 °C. Huiler un plat allant au four. Découper le chèvre en tronçons de 1,5 cm de large, puis couper chaque morceau en quatre. Répartir le fromage dans le plat et saupoudrer de thym. Couper les olives en deux puis les mettre dans le plat avec le chèvre. Battre les œufs à la fourchette dans un bol puis ajouter le lait. Verser dans le plat délicatement pour ne pas déplacer les cubes de fromage et les olives. Saupoudrer de thym. Faire cuire pendant 30 min au four. Laisser refroidir. Réserver au réfrigérateur jusqu'au lendemain. Au moment de servir, faire tiédir la frittata au four pendant quelques minutes. La découper en cubes.

Variante

On peut réaliser cette frittata avec du sainte-maure ou avec d'autres variétés de fromages de chèvre plus ou moins frais. Le goût sera chaque fois un peu différent.

Salade de tomates confites et jabugo pata negra

Les tomates confites se préparent la veille. Le jour J, il ne reste plus qu'à découper le jabugo, ce jambon espagnol au goût de noisette, et à ajouter une pointe de vinaigrette. À servir en portions individuelles, dans des verrines, des soucoupes de tasse à café ou autres petits récipients.

Pour 6 personnes

- 500 g de tomates cerises
- 3 tranches de jabugo (à défaut, de jambon cru)
- quelques feuilles de basilic
- thym
- huile d'olive
- vinaigre balsamique
- fleur de sel et poivre

À faire la veille. Préchauffer le four à 150 °C.
Huiler un grand plat allant au four. Laver, essuyer et couper les tomates cerises en deux. Les ranger une par une dans le plat, côté chair vers le haut. Les tomates ne doivent pas se chevaucher. Saupoudrer de 1 petite poignée de fleur de sel, de poivre et de thym. Verser 1 filet d'huile d'olive. Faire cuire au four pendant 1 h. Laisser refroidir. Conserver au réfrigérateur jusqu'au lendemain, soit directement dans le plat de cuisson, soit dans un récipient en plastique, en prenant soin de ranger les tomates confites délicatement les unes au-dessus des autres, pour ne pas les écraser. Le jour J, découper le jabugo en fines lamelles de 1 cm de large. Déposer quelques tomates confites et des lamelles de jabugo sur chaque petit plat. Au dernier moment, ciseler du basilic et ajouter 1 larme d'huile d'olive et de vinaigre balsamique.

Velouté épicé mangue-tomate

Une soupe froide qui allie l'acidité de la tomate, la douceur de la mangue et le piquant du tabasco. Ce velouté tout cru a une consistance épaisse. On le déguste dans des verres à vodka pour profiter de sa couleur, à l'aide de cuillères à café. On peut doubler les quantités si l'on est très nombreux, d'autant que ce velouté se conserve sans problème au réfrigérateur pendant 48 h.

Pour 8 personnes

- 1 mangue bien mûre
- 300 g de tomates
- 5 gouttes de tabasco
- 1 pincée de peperoncino
- sel

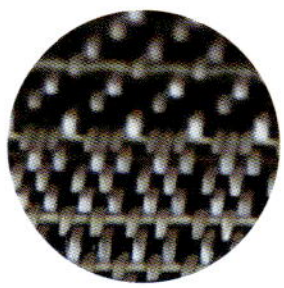

Couper la mangue de chaque côté du noyau. Éplucher chaque moitié et couper la chair en gros morceaux. Ébouillanter les tomates pendant 2 min. Les égoutter et enlever la peau. Les couper en quartiers et enlever les pépins. Placer la chair des tomates et les morceaux de mangue dans un robot mixeur. Mixer pendant plusieurs minutes. Ajouter le tabasco, le sel et le peperoncino puis mixer de nouveau. Réserver au réfrigérateur jusqu'au moment de servir afin que le velouté soit très frais.

Les desserts préparés la veille

Témoignages

« Mais tu t'es levée à 5 h du matin pour faire tout ça ? »
Stéphanie, à la fin d'un repas entrée-plat-dessert servi un vendredi soir après une semaine de boulot non-stop.

« Agar-agar ? C'est le nom d'un héros de *La Guerre des étoiles* ? »
Nicolas, 5 ans, à qui vous avez avoué la composition du blanc-manger qu'il vient de dévorer.

« On voit bien que tu as passé l'après-midi à cuisiner : tout est très frais. Surtout cette mousse à la mangue et aux fruits de la Passion. Tu ne vas pas me dire que tu l'as préparée hier, quand même ? »
Philippe, incrédule.

« Je ne rentre jamais chez moi avant 20 h. Comment veux-tu que j'invite des copains à dîner ? Je n'ai pas le temps. »

Sandrine, businesswoman overbookée, qui n'a pas encore eu le temps de lire ce livre.

« Il reste plein de croquants à l'italienne. Tu m'en donnes quelques-uns pour le petit déjeuner demain ? Ce serait dommage de les gâcher. »

Paul, qui fait semblant de ne pas comprendre que les croquants se conservent plusieurs jours dans une boîte en fer.

« Bon, vous passez quand vous voulez prendre un brunch à la maison. On s'appelle juste une heure avant, d'accord ? »

Émilie, qui a un stock de pancakes et de scones dans son congélateur .

« J'aime bien l'idée de cuisiner un dessert la veille pour le lendemain, mais surtout pas en portions individuelles : j'aurais du mal à résister à la tentation, et il n'en resterait peut-être pas assez pour mes invités… »

Pauline, organisée, mais gourmande.

Blancs-mangers à la vanille, éclats d'amandes grillées et fruits rouges

C'est « la » recette miracle pour cuisiner sans stress : quelques minutes de préparation la veille suffisent, et, le lendemain, les invités sont épatés par l'allure très classe de ce blanc-manger. Le secret : l'agar-agar, cette algue au fort pouvoir gélifiant que l'on trouve dans toutes les épiceries bio. Elle existe sous plusieurs formes, mais la poudre est la plus facile à utiliser.

Pour 6 personnes

- 30 cl de lait demi-écrémé
- 20 cl de crème liquide entière
- 50 g de sucre en poudre
- 1 c. à c. d'agar-agar
- 1 c. à s. de vanille liquide
- 100 g d'amandes mondées
- 125 g de framboises
- 125 g de fraises
- 1 sachet de sucre vanillé

À faire la veille. Verser le lait, la crème, le sucre en poudre, la vanille et l'agar-agar dans une casserole sur feu fort. Remuer à l'aide d'une cuillère en bois. Laisser bouillir à petits bouillons pendant 1 min. Répartir dans 6 verrines, laisser refroidir et réserver au réfrigérateur. Couper les amandes en quatre au couteau. Les placer dans une poêle antiadhésive sur feu fort. Laisser colorer de 7 à 8 min en remuant régulièrement. Les réserver dans un bol. Le lendemain, écraser en purée les fraises et les framboises à la fourchette avec le sucre vanillé. Sortir les blancs-mangers du réfrigérateur 30 min avant la dégustation. Juste au moment de servir, les recouvrir d'une couche épaisse d'amandes hachées et de purée de fruits.

Variante

On peut remplacer la purée de fruits rouges par des framboises entières ou des dés de pêche, en été, et par des dés de kiwi ou de mangue, en hiver.

Rösti sucrés aux pommes

Vous connaissez les rösti, ces crêpes de pommes de terre râpées servies en Suisse ? Voici une version sucrée réalisée avec des pommes râpées. On peut déguster ces rösti avec une boule de glace à la vanille, de sorbet au citron, etc. À réaliser la veille ou à congeler.

Pour 4 personnes (20 crêpes)

- 2 pommes Gala
- 50 g de poudre d'amandes
- 50 g de beurre + pour la cuisson
- 75 g de farine
- 50 g de cassonade
- 1 c. à c. de cannelle moulue
- 2 œufs
- 1/2 citron

Éplucher les pommes et les râper dans un robot comme des carottes. Les placer dans un torchon propre et essorer avec les mains au-dessus d'un évier pour enlever l'eau. Faire fondre le beurre dans une casserole sur feu doux. Presser le citron. Battre au batteur électrique les œufs et la cassonade jusqu'à ce que le mélange devienne mousseux. Ajouter le beurre fondu, la farine, la poudre d'amandes, la cannelle et le jus de citron. Incorporer les pommes râpées et mélanger de nouveau. Faire fondre un peu de beurre dans une poêle. Verser plusieurs tas de pâte dans la poêle et tasser avec le dos d'une cuillère à soupe. Faire cuire de 4 à 5 min, puis retourner les petites crêpes pour les cuire encore de 4 à 5 min. Renouveler l'opération avec le reste de la pâte. Conserver au réfrigérateur jusqu'au lendemain. Au moment de servir, réchauffer au four à 180 °C pendant quelques minutes.

Clafoutis aux cerises et au romarin

Rien de plus classique, au printemps, qu'un clafoutis aux cerises. Il paraît que les puristes ne dénoyautent pas les fruits. Voici une version un peu différente, sans noyaux, mais surtout parfumée au romarin. Celui-ci est infusé dans le lait et la crème pendant quelques instants. Les vrais amateurs pourront ajouter quelques brins sur le dessus du clafoutis avant de le faire cuire. Croquant garanti. On peut utiliser la même technique pour réaliser un riz au lait au romarin ou encore pour parfumer un flan.

Pour 6 personnes

- 500 g de cerises
- 2 brins de romarin
- 4 œufs
- 20 cl de lait demi-écrémé
- 20 cl de crème liquide entière
- 50 g de Maïzena
- 150 g de sucre en poudre
- beurre pour le moule

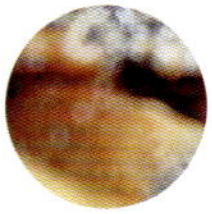

Porter le lait, la crème et le romarin à ébullition dans une casserole. Laisser infuser de 10 à 15 min hors du feu. Battre les œufs et le sucre au batteur électrique jusqu'à ce que le mélange devienne mousseux. Jeter le romarin. Diluer la Maïzena dans le mélange de lait et de crème. Verser sur le mélange œufs-sucre et battre encore au mixeur. Préchauffer le four à 180 °C. Beurrer un plat. Laver et essuyer les cerises. Les dénoyauter à l'aide d'un couteau et les mettre dans le plat. Verser la pâte par-dessus. Faire cuire au four de 35 à 40 min, selon l'épaisseur du clafoutis.

Dessert d'hiver aux abricots secs

Très simple à réaliser mais méconnue, la compote d'abricots secs permet de retrouver le goût exact des abricots secs, mais avec une consistance souple. On peut modifier la recette en variant le mélange de fruits secs ou remplacer le fromage blanc par du yaourt nature, ou encore ajouter 1 c. à c. de noix de coco râpée ou de sirop d'érable. Pour une version déstructurée, on peut servir ce dessert en kit : il suffit de remplir les verrines de compote d'abricots secs et de présenter les autres ingrédients à part dans de jolis bols. Chacun se servira de ce qu'il aime.

Pour 4 personnes

- 250 g d'abricots secs
- 1 sachet de sucre vanillé
- 500 g de fromage blanc à 20 % de matières grasses
- 4 c. à s. de cerneaux de noix de pécan
- 4 c. à s. d'amandes mondées
- 4 c. à s. de pistaches mondées

La veille, au matin, placer les abricots secs dans une casserole et couvrir d'eau. Laisser reposer jusqu'au soir. Le soir, ajouter le sucre vanillé et faire compoter pendant 15 min sur feu moyen. Mixer avec l'eau de cuisson à l'aide d'un mixeur plongeant pour obtenir une consistance lisse. Laisser refroidir puis conserver au réfrigérateur. Au moment de servir, verser la compote d'abricots secs dans des verrines. Déposer délicatement par-dessus quelques cuillerées à soupe de fromage blanc. Découper les amandes et les noix de pécan en deux ou trois. Déposer 1 c. à s. de noix de pécan, d'amandes et de pistaches dans chaque verrine.

Entremets mangue-passion

La douceur de la mangue relevée par l'acidité du fruit de la Passion : jusque là, rien de nouveau. Mais cet entremets surprend par sa consistance ferme, obtenue avec l'agar-agar, ce gélifiant naturel à acheter dans les épiceries bio. On peut d'ailleurs revoir la quantité d'agar-agar à la hausse ou à la baisse pour obtenir une consistance plus ou moins ferme. Un dessert d'hiver léger et chic, à déguster avec un biscuit bien croquant, par exemple les croquants à l'italienne (p. 126).

Pour 4 personnes

- 1 mangue mûre de 600 g
- 2 fruits de la Passion
- 20 cl de crème liquide entière
- 20 g de sucre en poudre
- 1 c. à c. d'agar-agar

Peler la mangue et prélever la chair. Mixer dans un robot la mangue, la crème liquide et le sucre pendant plusieurs minutes afin d'obtenir une consistance lisse. Verser dans une casserole, ajouter l'agar-agar et porter à ébullition. Laisser bouillir pendant 1 min en fouettant sans arrêt rapidement. Retirer la casserole du feu. Mixer de nouveau au mixeur pendant quelques secondes pour s'assurer que l'agar-agar est bien incorporé dans la préparation. Répartir dans 4 verrines et laisser refroidir. Réserver au réfrigérateur jusqu'au lendemain. Sortir les verrines du réfrigérateur 30 min avant de les servir. Au dernier moment, couper les fruits de la Passion en deux et répartir leur contenu dans les verrines.

Gratin de poires aux fruits secs

Ce gratin se décline tout au long de l'année : on remplace les poires par des abricots ou par des figues, en été, ou on y ajoute quelques morceaux de pomme, en hiver. Personne ne s'en lasse, puisqu'on a l'impression de goûter un nouveau dessert à chaque fois. Il est rare d'avoir des restes, mais on peut congeler une ou deux parts dans une feuille de papier d'aluminium, que l'on réchauffera au four pendant quelques minutes pour les décongeler.

Faire fondre le beurre dans une casserole sur feu doux. Battre les œufs et le sucre dans un bol jusqu'à ce que le mélange devienne mousseux. Ajouter la poudre d'amandes, la poudre de noisettes et la crème fraîche en continuant à mélanger. Verser ensuite le beurre fondu. Préchauffer le four à 180 °C. Éplucher les poires, enlever la partie centrale et découper chaque moitié en 3 ou 4 morceaux, selon la taille de la poire. Beurrer un moule rectangulaire. Placer les morceaux de poire les uns à côté des autres dans le plat, sur deux rangées. Verser la pâte délicatement sur les poires pour ne pas les déplacer. Faire cuire au four de 35 à 40 min. Laisser refroidir complètement le gratin avant de le placer au réfrigérateur jusqu'au lendemain. Servir à température ambiante ou tiède, après l'avoir passé au four pendant quelques minutes.

Pour 6 personnes

- 2 poires
- 50 g de poudre d'amandes
- 50 g de poudre de noisettes
- 2 œufs
- 100 g de beurre
  + un peu pour le moule
- 2 c. à s. de crème fraîche
- 150 g de sucre en poudre

Variante

On peut supprimer la poudre de noisettes en doublant la quantité de poudre d'amandes, ou la remplacer par de la poudre de pistaches, en particulier avec des abricots.

Minidoses de crème très chocolat

Pourquoi mini ? Pour pouvoir en manger deux, pardi ! L'idéal est de les servir au goûter, à côté d'autres douceurs, comme des financiers. Ça tombe bien : vous avez besoin des jaunes d'œufs pour faire les crèmes au chocolat et des blancs pour les financiers.... Quand on est nombreux, on présente un plateau rempli de ces minicrèmes et autant de toutes petites cuillères. Si vous n'avez pas de jolis petits bols, des tasses à café feront parfaitement l'affaire : c'est le format idéal.

Pour 8 personnes

- 40 cl de crème liquide entière
- 250 g de chocolat à cuire
- 4 jaunes d'œufs
- 30 g de beurre

Couper le chocolat en petits morceaux. Battre les jaunes d'œufs au batteur électrique pendant quelques minutes. Faire fondre le beurre dans une casserole sur feu doux. Verser la crème dans une autre casserole et porter à ébullition. Ajouter le chocolat dès que la crème commence à bouillir, baisser le feu et remuer vivement à l'aide d'une cuillère en bois. Éteindre le feu, mais laisser la casserole dessus. Ajouter les jaunes d'œufs battus tout en continuant à remuer. Verser le beurre et remuer encore jusqu'à ce que la crème soit parfaitement homogène. Disposer dans des minirécipients. Réserver au réfrigérateur jusqu'au lendemain. Sortir les crèmes du réfrigérateur 15 min avant de les déguster.

Variante

On peut ajouter 1 pointe de couteau de piment d'Espelette pour un goût plus relevé.

Fiadone à la ricotta

Le fiadone est un dessert corse habituellement préparé avec du brocciu, ce fromage de brebis local. Voici une version italienne à la ricotta. C'est donc une sorte de cheesecake version Méditerranée, en plus léger et sans le croquant de la pâte. Ce dessert patiente sans difficulté pendant 24 h au réfrigérateur. Il se déguste tiède ou à température ambiante.

Pour 6 personnes

- 400 g de ricotta
- 3 œufs
- 130 g de sucre en poudre + 1 c. à s.
- 1 citron
- beurre pour le moule

Préchauffer le four à 180 °C. Beurrer un moule rectangulaire. Prélever le zeste du citron, le couper en très petits morceaux. Séparer les blancs d'œufs des jaunes. Monter les blancs en neige. Battre les jaunes d'œufs, le sucre et la ricotta dans un bol jusqu'à ce que le mélange soit bien lisse. Ajouter le zeste. Verser la préparation sur les blancs en neige et mélanger délicatement au fouet à main. Verser dans le moule. Faire cuire pendant 30 min au four. Vérifier la cuisson en insérant la pointe d'un couteau dans le plat : elle doit ressortir sèche. Saupoudrer de 1 c. à s. de sucre en poudre à la sortie du four. Laisser refroidir puis placer au réfrigérateur. Sortir le fiadone du réfrigérateur 2 h au moins avant de le déguster ou le faire tiédir pendant 5 min au four à 180 °C.

Croquants à l'italienne

Ces tout petits gâteaux au citron et à la cannelle croquent délicatement sous la dent. On n'en fait qu'une bouchée avec un assortiment de glaces, pour le dessert, ou encore en accompagnement du café.

Pour 80 croquants

- 100 g de poudre d'amandes
- 150 g de sucre en poudre
- 1 citron
- 1 œuf
- 1 c. à c. de cannelle moulue
- 70 g de farine
- 40 g de beurre

Prélever le zeste du citron et le couper très finement. Faire fondre le beurre sur feu doux. Verser la poudre d'amandes, le sucre, la farine, la cannelle et le zeste du citron dans un bol et mélanger à l'aide d'une cuillère. Ajouter le beurre fondu et l'œuf. Mélanger au batteur électrique à moyenne vitesse. Travailler la pâte avec les mains sur un plan de travail, en ajoutant si besoin un peu de farine pour obtenir une pâte souple. Former une boule, la laisser au réfrigérateur pendant 2 h au minimum pour qu'elle durcisse. Préchauffer le four à 150 °C. Sortir la pâte du réfrigérateur et prélever un petit morceau. Le rouler entre les mains jusqu'à obtenir un boudin de la largeur d'une pièce de 1 euro. Découper des tronçons de 0,5 cm de large (très petits, donc) dans le boudin. Les déposer sur une plaque en silicone, placée sur la grille du four, en prenant soin de laisser un peu d'espace entre chaque croquant, car ils s'étalent à la cuisson. Faire cuire au four pendant 18 min. Sortir la plaque et laisser durcir pendant 5 min avant de décoller les croquants. Procéder de même pour réaliser deux autres fournées. Attendre que les croquants soient froids pour les ranger. Les croquants se conservent plusieurs jours dans une boîte en fer.

Riz au lait à la noix de coco

Un dessert tout droit sorti de notre enfance, mais revisité avec une pointe de noix de coco râpée, qui croque délicatement sous la dent. Ce riz au lait se sert en dessert ou au goûter. Ou encore au petit déjeuner, tiédi au micro-ondes pendant quelques secondes. Il est aussi parfait pour un brunch gourmand, accompagné de pancakes à la farine de châtaigne, de scones aux airelles et d'une confiture maison.

Pour 4 personnes

- 100 g de riz à grains ronds
- 30 g de noix de coco râpée
- 30 g de raisins secs
- 50 cl de lait demi-écrémé
- 25 g de beurre
- 80 g de sucre en poudre

Faire fondre le beurre sur feu doux dans une casserole, puis ajouter le riz. Mélanger et laisser cuire pendant 3 min, jusqu'à ce que le riz devienne translucide. Ajoutez le lait et le sucre puis porter à ébullition. Baisser le feu et laisser cuire de 15 à 20 min. Ajouter la noix de coco râpée et les raisins secs et cuire encore pendant 5 min. Laisser refroidir. Conserver au réfrigérateur jusqu'au lendemain. Servir tiède ou à température ambiante.

Variante

On peut ajouter pendant la cuisson 1 c. à c. de cannelle moulue, ou, au moment de servir, des noix de cajou ou des amandes mondées, pour ajouter un peu de croquant.

Tiramisu

La mode est au tiramisu modernisé : aux fruits rouges, aux fruits exotiques, souvent en verrines. La version classique, alliant des saveurs de café et de chocolat, reste pourtant une valeur sûre. Le tiramisu se prépare la veille, laissant le temps à la crème de mascarpone d'obtenir la consistance désirée. Il est en revanche préférable d'attendre le dernier moment pour saupoudrer le dessert de cacao, pour éviter que celui-ci ne fonde dans le mascarpone.

Pour 6 personnes

- 500 g de mascarpone
- 250 g de biscuits à la cuillère
- 25 cl de café
- 3 jaunes d'œufs
- 50 g de sucre en poudre
- 2 c. à s. de cacao en poudre non sucré

À faire la veille. Préparer le café, le verser dans une assiette creuse et laisser refroidir. Tremper rapidement 1 biscuit à la cuillère dans le café sur les deux faces puis le poser au fond d'un saladier un peu évasé. Procéder de la même façon avec tous les biscuits afin de tapisser le fond du saladier, en tassant bien les biscuits les uns contre les autres. Continuer sur les bords, en découpant les biscuits pour qu'ils ne dépassent pas trop du plat. Mélanger au batteur électrique les jaunes d'œufs et le sucre. Ajouter le mascarpone et mélanger de nouveau. Verser délicatement la préparation sur les biscuits à la cuillère. Conserver au réfrigérateur jusqu'au lendemain. Saupoudrer de cacao et servir immédiatement. À consommer rapidement.

Les douceurs du congélateur

Les perles d'Internet sur la congélation

L'usage assidu des moteurs de recherche autour du thème de la congélation réserve quelques surprises, notamment en dehors du domaine de la cuisine. Certaines sont utiles, d'autres plus farfelues. À lire juste pour le plaisir…

Teddy Bear

Congeler une peluche pendant 24 h permet d'éliminer les acariens responsables d'allergies pour certains bébés. Un processus réservé aux doudous ne supportant pas le lave-linge. Si Teddy Bear craint le froid, n'oubliez pas de lui mettre un pull en laine avant de le congeler.

Lait maternel

Il paraît que l'on peut congeler du lait maternel en le plaçant dans un sac congélation, juste après l'avoir récupéré à l'aide d'un tire-lait. Pour le décongeler, laisser le sac dans un bol d'eau chaude pendant quelques minutes. L'intérêt ? La mère pourra ainsi quitter son bébé durant quelques heures sans craindre qu'il crie famine : il suffira de lui décongeler un peu de lait à la demande.

Cœur, foie, rognons et Cie

Certains produits se congèlent difficilement. C'est notamment le cas des abats : il est, paraît-il, possible de les congeler, mais il faut impérativement le faire très peu de temps après l'abattage. « Chéri, tu as tué le bœuf ? Passe-moi vite les abats ! » On s'y voit déjà.

Gel douche

Les publicités insistent sur la fraîcheur des savons et des crèmes de soin. Il existe même des gels douche à conserver au congélateur, découpés en petits cubes. Une fois sous la douche, le cube fond, paraît-il, sur la peau. Ça marche avec un Esquimau ?

Congeler de l'eau chaude

Des études scientifiques démontrent très sérieusement qu'il est, dans certaines conditions, plus rapide de congeler de l'eau chaude que de l'eau froide. Aristote et Descartes ont écrit sur le sujet. Ne me demandez pas d'explication, je ne suis pas certaine d'avoir tout compris. Mais vous pouvez toujours lancer l'idée à un dîner pour animer la conversation. Ambiance assurée.

Brownies aux trois noix

Un gâteau au chocolat fondant, relevé par les trois noix, dont on distingue bien le goût. On peut aussi remplacer l'une des noix par des amandes mondées coupées en deux, ou encore par des noisettes.

Pour 6 personnes

- 200 g de chocolat
- 150 g de sucre en poudre
- 120 g de beurre + pour le moule
- 4 œufs
- 2 c. à s. bombées de farine
- 175 g d'un mélange de cerneaux de noix, de noix de pécan et de noix de macadamia

Préchauffer le four à 150 °C. Faire fondre le chocolat et le beurre ensemble sur feu doux. Séparer les blancs d'œufs des jaunes. Monter les blancs en neige. Lorsque le chocolat et le beurre ont fondu, ajouter le sucre hors du feu et mélanger au batteur électrique. Incorporer les jaunes d'œufs un par un tout en continuant à battre. Ajouter la farine. Verser la préparation dans les blancs en neige et mélanger délicatement au fouet. Beurrer un grand plat rectangulaire. Couper les cerneaux de noix et les noix de pécan en trois. Répartir les noix, les noix de pécan et les noix de macadamia au fond du plat. Verser la préparation dans le plat et faire cuire au four pendant 40 min. Laisser refroidir puis découper en carrés. Congeler chaque part individuellement dans du papier d'aluminium. Au moment de servir, réchauffer les brownies encore emballés au four à 180 °C, pendant 5 min.

Compote de cerises à la vanille, brisures de spéculoos

Les compotes de fruits se congèlent très bien. Il faut penser à les sortir du congélateur pour les mettre au réfrigérateur au moins 12 h avant de les servir.

Pour 4 personnes

- 800 g de cerises
- 2 sachets de sucre vanillé
- 8 spéculoos

Laver les cerises. Enlever la queue et les dénoyauter à l'aide d'un couteau. Les verser dans une casserole avec le sucre vanillé. Placer sur feu moyen et faire cuire pendant 15 min. Les fruits doivent devenir tendres mais rester entiers. Laisser refroidir avant de mettre la compote dans un bac en aluminium et de la placer au congélateur. Laisser la compote au réfrigérateur pendant 12 h avant de la servir, puis à température ambiante pendant 1 h. Placer les spéculoos dans un torchon et frapper quelques coups contre le plan de travail pour les réduire en gros morceaux. Servir la compote accompagnée d'une boule de glace à la vanille recouverte de brisures de spéculoos.

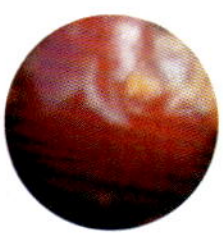

Variante

On peut remplacer les spéculoos par des sablés bretons ou encore par des miettes de crumble à la pistache (p. 152). Pour une version épicée, ajouter aux cerises 1/2 c. à c. de gingembre en poudre au moment de la cuisson.

Cake aux noix et aux pépites de chocolat

Rien ne vous oblige à congeler ce cake en entier. Vous pouvez en déguster la moitié quand il est encore tiède, avant de congeler le reste en tranches pour une autre occasion. Idéal par exemple pour un *five o'clock tea,* un dimanche après-midi.

Pour 6 personnes

- 100 g de farine
- 150 g de sucre en poudre
- 3 œufs
- 150 g de cerneaux de noix
- 125 g de beurre demi-sel
- 75 g de pépites de chocolat
- 1 c. à c. de levure

Faire fondre le beurre dans une casserole sur feu doux. Séparer les blancs d'œufs des jaunes. Verser les jaunes d'œufs et le sucre dans un bol puis mélanger au batteur électrique jusqu'à ce que le mélange blanchisse. Ajouter la farine, la levure et le beurre fondu puis mélanger. Verser les cerneaux de noix dans un mixeur et réduire en poudre très fine. Ajouter la poudre de noix à la pâte. Préchauffer le four à 180 °C. Battre les blancs en neige. Mélanger les deux préparations au batteur électrique sur position lente. Ajouter les pépites de chocolat et mélanger de nouveau. Verser dans un moule en aluminium. Faire cuire au four pendant 55 min. Vérifier la cuisson en insérant la lame d'un couteau au centre du cake : elle doit ressortir sèche. Laisser refroidir pendant quelques heures avant de trancher le cake aux noix. Emballer chaque tranche soigneusement dans une feuille de papier d'aluminium et placer au congélateur. Décongeler les tranches en les passant au four à 180 °C pendant quelques minutes avant de les servir.

Cookies maison aux deux chocolats

Pourquoi deux chocolats ? Parce que c'est encore plus gourmand. Le côté artisanal de cette recette est renforcé par l'aspect « brut » des pépites de chocolat : elles sont découpées au couteau directement dans des plaques de chocolat noir et blanc. Il suffit de couper chaque carré en petits morceaux, qui fondent délicatement à la cuisson. On peut aussi préparer ces cookies en mélangeant chocolat noir et chocolat au lait.

Pour 12 cookies

- 175 g de farine
- 125 g de beurre demi-sel
- 50 g de sucre en poudre
- 50 g de cassonade
- 1 c. à c. de levure
- 1 œuf
- 50 g de chocolat noir
- 50 g de chocolat blanc
- 50 g de cerneaux de noix

Préchauffer le four à 180 °C. Découper les 2 chocolats en petits morceaux à l'aide d'un couteau pointu. Couper le beurre en gros morceaux. Placer le sucre, la cassonade et le beurre dans un bol puis mélanger vivement au batteur électrique. Tout le reste de la recette se fait au batteur. Ajouter ensuite dans l'ordre : la farine, la levure, l'œuf entier, les 2 chocolats et les noix. Placer une plaque en silicone sur la plaque du four. Prélever 6 boules de pâte de la taille d'une noix et les disposer sur la plaque en silicone sans les étaler. Faire cuire au four pendant 10 min. Les cookies doivent rester très clairs, juste légèrement colorés sur le pourtour. Laisser refroidir pendant quelques minutes avant de décoller délicatement les cookies. Répartir le reste de pâte sur la plaque en silicone et enfourner de nouveau pour 10 min. Lorsqu'ils sont froids, emballer les cookies individuellement dans une feuille de papier d'aluminium pour les congeler. Pour les décongeler, ouvrir légèrement l'emballage des cookies et le passer à four chaud (180 °C) pendant quelques minutes.

Financiers au miel

Il existe à peu près autant de recettes de financiers que de livres de cuisine… Cette version a un petit côté croustillant, voire caramélisé, qui n'est peut-être pas tout à fait dans la lignée des puristes, mais qui réveille les papilles. Elle réussit parfaitement l'épreuve du congélateur. À déguster tièdes ou froids.

Pour 15 financiers

- 125 g de poudre d'amandes
- 4 blancs d'œufs
- 150 de sucre en poudre
- 90 g de beurre
- 1 c. à s. bombée de miel, si possible de châtaignier
- 1 c. à s. bombée de Maïzena

Faire fondre le beurre dans une casserole sur feu doux. Mélanger au batteur électrique les blancs d'œufs, le sucre et la poudre d'amandes. Ajouter le miel, la Maïzena et le beurre fondu. Laisser reposer la pâte au réfrigérateur pendant 2 h. Préchauffer le four sur 200 °C. Remplir des moules à financiers en silicone en laissant un peu d'espace en haut de chaque empreinte. Faire cuire au four pendant 15 min. Baisser le four à 180 °C et poursuivre la cuisson pendant 5 min. Sortir les plaques en silicone du four et laisser refroidir avant de démouler délicatement les financiers. Attendre un complet refroidissement pour les emballer un par un dans une feuille d'aluminium pour les congeler. Décongeler les financiers en les passant au four à 180 °C pendant 5 min, dans leur emballage.

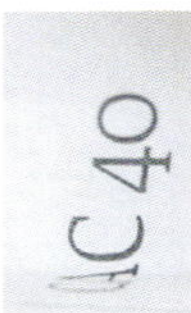

-21,24 %
Eurostoxx 50
Dow Jones

Fondants aux marrons

Impossible de résister au mélange de la crème de marrons et des marrons glacés. En dehors de la saison, on peut trouver des marrons glacés sous vide chez certains traiteurs. Ce dessert peut aussi être réalisé avec des marrons confits, conservés dans un sirop de sucre, que l'on trouve chez les chocolatiers à la fin de l'automne. Les fondants se dégustent seuls, avec une boule de glace à la vanille ou un peu de crème anglaise.

Pour 10 fondants

- 500 g de crème de marrons
- 125 g de beurre
- 3 œufs
- 4 marrons glacés

Préchauffer le four à 180 °C. Faire fondre le beurre sur feu doux. Séparer les blancs d'œufs des jaunes. Monter les blancs en neige. Mélanger les jaunes d'œufs et la crème de marrons au batteur électrique. Ajouter le beurre fondu et mélanger de nouveau. Verser cette préparation sur les blancs en neige et mélanger délicatement à l'aide d'un fouet. Émietter les marrons glacés pour obtenir de petits morceaux. Remplir 10 empreintes de moules à muffins à mi-hauteur. Répartir les brisures de marrons glacés par-dessus, puis verser le reste de la pâte, en laissant 1 cm entre le gâteau et le bord du moule. Faire cuire au four pendant 25 min. Vérifier la cuisson en insérant la lame d'un couteau : elle doit ressortir sèche. Laisser refroidir avant de démouler. Emballer chaque fondant individuellement dans un feuille de papier d'aluminium pour le placer au congélateur. Au moment de servir, placer au four les fondants toujours emballés et les laisser pendant quelques minutes à 180 °C.

Petits gâteaux au citron et au pavot

Le pavot croque sous la dent et apporte une jolie couleur à ces petits gâteaux individuels. On peut doubler les quantités, déguster la moitié des gâteaux le jour même et congeler les autres. À sortir du congélateur pour accompagner le café ou le thé, un dimanche après-midi, à l'improviste.

Pour 6 gâteaux

- 2 œufs
- 1 citron
- 1 c. à s. de graines de pavot
- 50 g de poudre d'amandes
- 50 g de farine
- 100 g de sucre en poudre
- 1 sachet de sucre vanillé
- 50 g de beurre demi-sel
- 4 cl de lait demi-écrémé

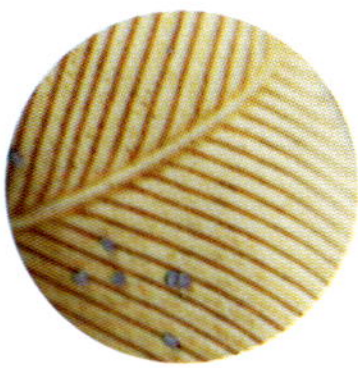

Préchauffer le four à 180 °C.
Faire fondre le beurre sur feu doux. Prélever le zeste du citron, le couper très finement et presser le jus. Mélanger au batteur électrique le beurre fondu et les sucres jusqu'à ce que le mélange devienne mousseux. Ajouter les œufs un par un, puis le lait. Incorporer la farine, la poudre d'amandes, le zeste, le jus de citron et le pavot. Verser dans 6 moules à muffins en silicone. Faire cuire au four de 30 à 35 min. Laisser refroidir puis démouler. Emballer les gâteaux individuellement dans une feuille de papier d'aluminium pour les congeler. Au moment de servir, entrouvrir la feuille de papier d'aluminium et décongeler les gâteaux en les réchauffant au four de 5 à 7 minutes, à 180 °C.

Madeleines aux deux citrons

Avec ou sans bosse, l'important, c'est le citron dans cette recette. Ou plutôt les citrons : jaune et vert, à acheter bio, bien sûr, puisqu'on utilise les zestes. À savoir : plus la pâte reste longtemps au réfrigérateur, plus la bosse sera belle. En effet, elle se forme dès les premières minutes de cuisson, en raison du choc thermique entre le froid du réfrigérateur et le four brûlant.

Pour 15 madeleines

- 2 œufs
- 100 g de sucre glace
- 100 g de beurre
- 50 g de farine
- 50 g de poudre d'amandes
- 1/2 citron jaune
- 1 citron vert

Prélever le zeste des citrons et les couper en morceaux très fins. Presser le citron vert. Faire fondre le beurre dans une casserole sur feu doux. Battre les œufs et le sucre glace au batteur électrique jusqu'à ce que le mélange blanchisse. Incorporer la farine, la poudre d'amandes et le beurre fondu en continuant à mélanger. Ajouter les zestes et le jus du citron vert. Réserver au réfrigérateur pendant 2 h au minimum. Préchauffer le four à 220 °C. Verser la pâte dans des moules à madeleines et faire cuire au four pendant 7 min, puis baisser le four à 180 °C et laisser cuire encore pendant 15 min environ. Sortir les madeleines du four, laisser refroidir, puis démouler. Lorsque les madeleines sont froides, les emballer individuellement dans une feuille de papier d'aluminium et les ranger au congélateur. Au moment de servir, placer au four les madeleines encore emballées pour 5 min, à 180 °C.

Miettes de crumble à la pistache

À servir sur un fromage blanc, une compote de fraises ou de rhubarbe, des pommes au four, une salade de fruits, etc.

Pour 4 personnes

- 30 g de cassonade
- 30 g de beurre
- 30 g de farine
- 30 g de pistaches mondées non salées

Passer les pistaches au mixeur pour les réduire en poudre, sans mixer trop finement. Préchauffer le four à 180 °C. Mettre la poudre de pistaches, la farine et la cassonade dans un bol. Ajouter le beurre bien froid. Émietter avec les doigts pour obtenir une consistance sableuse. Étaler la pâte avec les mains sur une plaque en silicone placée sur la grille du four. Après 5 min de cuisson, le crumble commence à fondre. Sortir la grille du four et passer une pointe de couteau dans le crumble pour le réduire en miettes. Il ne faut pas le laisser de plaque se former. Enfourner de nouveau pour 5 min, puis recommencer à faire des miettes avec le couteau. Laisser cuire encore 5 min, soit 15 min en tout. Sortir du four, émietter une dernière fois avec la pointe d'un couteau et laisser refroidir sur la plaque en silicone. Lorsque les miettes sont froides, les verser dans un petit récipient en plastique et congeler. Le jour J, prélever la quantité de crumble nécessaire avec une cuillère. Étaler sur une assiette et laisser décongeler pendant 1 h. À consommer dans les 24 h après la décongélation.

Variante

On peut remplacer la poudre de pistaches par de la poudre d'amandes, plus classique, ou de noisettes, ou encore de noix.

Pancakes à la farine de châtaigne

La farine de châtaigne ajoute une petite note grillée à ces pancakes non sucrés. Il suffit de les stocker au congélateur et de les sortir, quand on veut, pour le goûter ou le petit déjeuner. À déguster tièdes avec du beurre ou du sucre en poudre, ou, pour les plus jeunes, avec un peu de Nutella.

Pour 12 pancakes

- 140 g de farine de blé
- 80 g de farine de châtaigne
- 25 cl de lait demi-écrémé
- 1 œuf
- 50 g de beurre + pour la cuisson
- 2 c. à c. de levure

Faire fondre le beurre sur feu doux. Verser la farine de blé et la levure dans un bol. Tamiser la farine de châtaigne par-dessus. Mélanger à la cuillère en bois. Ajouter le lait et continuer à mélanger. Casser l'œuf, le battre à la fourchette puis l'incorporer au mélange. Verser ensuite le beurre fondu et mélanger énergiquement jusqu'à ce que la pâte soit bien lisse. Réserver au réfrigérateur pendant 2 h au minimum. Faire fondre un peu de beurre dans une poêle sur feu doux. Lorsque la poêle est chaude, verser une petite louche de pâte. Laisser cuire pendant environ 3 min, jusqu'à ce que de petites bulles se forment à la surface. Retourner le pancake et laisser cuire de 3 à 4 min. Renouveler l'opération pour faire cuire tous les pancakes. Laisser refroidir. Emballer chaque pancake individuellement dans une feuille de papier d'aluminium pour les congeler. Au moment de servir, passer les pancakes encore congelés dans leur emballage pendant 5 min au four, à 180 °C.

Scones aux airelles

Parfaits au petit déjeuner ou au goûter, ces scones se dégustent coupés en deux, encore chauds, avec un peu de beurre et de la confiture. Les airelles, ou canneberges, sont souvent vendues sous leur nom anglais : *cranberries.* **On peut aussi les remplacer par des raisins secs, pour une version plus classique.**

Pour 10 scones

- 250 g de farine
- 50 g de beurre
- 30 g d'airelles séchées
- 15 cl de lait demi-écrémé
- 1 c. à s. de sucre en poudre
- 1 c. à c. de levure
- 1 jaune d'œuf
- sel

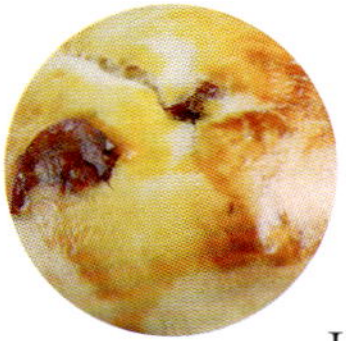

Verser la farine, le sucre, la levure et 1 pincée de sel dans un saladier. Mélanger à la cuillère. Couper le beurre en petits cubes. Le verser dans le saladier avec le lait et mélanger. Travailler la pâte avec les mains pour former une boule homogène. Couper les airelles en deux si elles sont un peu grosses. Les incorporer à la pâte en malaxant de nouveau. Laisser reposer pendant au moins 2 h au réfrigérateur. Préchauffer le four à 200 °C. Étaler la pâte avec les mains sur le plan de travail sur une hauteur de 1,5 cm. Découper les scones à l'aide d'un emporte-pièce, d'un petit verre d'enfant ou encore d'une tasse à café, d'un diamètre de 6 cm. Les poser sur une plaque en silicone placée sur la grille du four. Procéder de la même manière pour réaliser les 10 scones. Battre le jaune d'œuf à la fourchette. Badigeonner chaque scone avec le jaune d'œuf à l'aide d'un pinceau, ou, à défaut, d'une petite cuillère. Faire cuire au four pendant 15 min. Laisser refroidir les scones avant de les emballer un par un dans une feuille de papier d'aluminium pour pouvoir les congeler. Au moment de servir, placer les scones dans leur emballage au four et faire réchauffer à 180° C de 5 à 7 min.

Index par types de plats

Plats salés froids

Gâteaux, biscuits et Cie

Plats salés chauds (ou tièdes)

Desserts crémeux

Index alphabétique

La genèse du livre

adresse e-mail : alambertguyard@yahoo.fr

Inutile de me cacher derrière mon petit doigt, je suis une maniaque de l'organisation. Si j'ai la chance de vivre dans une cuisine ouverte sur le salon et la salle à manger, ce n'est pas pour y passer la soirée. Personne ne me verra jamais cuisiner un soufflé au chocolat pendant que mes amis dégustent leur plat.

Même constat pour la cuisine du quotidien : j'ai deux enfants qui me réclament – c'est original – un repas plusieurs fois par jour. Or, j'ai beau m'organiser, ils sont les rois du démolissage de planning : une varicelle par-ci, une angine par-là, et je me retrouve chez la pédiatre au lieu de leur préparer à dîner.

Alors, comme tous les grands malades, je soigne le mal par le mal : cuisiner à l'avance, c'est ma seule façon de faire. Bref, je ne risquais pas de proposer à Raphaële Vidaling un livre sur le thème : comment recevoir à l'improviste. Mais quelle ne fut pas ma surprise de la voir accepter mon idée ! Ça, franchement, je ne l'avais pas prévu.

L'écriture de ce livre a d'ailleurs été source, pour moi, d'un stress d'un nouveau genre : cuisiner une entrée, un plat et un dessert à l'avance, je sais faire. Mais lorsque Raphaële m'a annoncé qu'elle viendrait photographier quinze recettes en une seule journée, j'ai failli faire une crise d'angoisse. Le jour J, le congélateur et le réfrigérateur étaient remplis à ras bord. Je me suis dit : « plus jamais ça ». Mauvaise nouvelle : l'expérience s'est renouvelée, puisque nous avons fait, en tout, quatre séances photos. Bonne nouvelle : le stress a fini par disparaître. Je suis maintenant prête à écrire « Comment préparer un repas pour 15 personnes entièrement fait maison ». Sans stress, bien sûr !

Conception graphique : Claire Guigal
Mise en pages : Rémi Vimard
Photogravure : Frédéric Bar
Fabrication : Thomas Lemaître et Cédric Delsart

ISBN : 978-2-84567-558-2
Dépôt légal : juin 2010
Imprimé en Espagne